American Flyer
TRAINS
AMERICAN
FLYER
Las Vegas
Las Vegas
Gallup
Grants
Belen
Socorro
Deming
MENU

WOLFGANG
FIEREK

Nur nix anbrennen lassen

mit Fotos von
Alexander Haselhoff

ZABERT
SANDMANN

Inhalt

Vorwort

Schon als kleiner Bub stand für mich fest: »Ich werde Koch!« Mein Vater war Koch und deshalb wollte ich in seine Fußstapfen treten. Natürlich kam es dann anders, aber die Begeisterung für Kochen und gutes Essen habe ich von ihm geerbt. Schließlich durfte ich ihm oft genug über die Schultern schauen und beim Kochen und Anrichten helfen.

Meine Mutter sagte später immer: »Um eine Frau richtig zu betören, musst du für sie kochen.« Also übte ich für den Ernstfall. Mein erstes Gericht war Surhaxn mit Sauerkraut, nicht ganz so romantisch, aber immerhin machte es was her. Süße Mädels überraschte ich mit einem Kaiserschmarrn nach Mamas Rezept.

Dieser sozusagen mütterlich-bayerische Rezeptschatz ist nach wie vor eine gute Basis. Dazu probiere ich alles Mögliche aus Kochbüchern oder Zeitschriften aus. Oder ich koche einfach nach, was mir in Restaurants gut geschmeckt hat. Neue Ideen bringe ich auch immer wieder aus dem Urlaub mit, z. B. die Lasagne mit Leber und Steinpilzen.

Zum Glück teilt auch meine Frau meine Kochleidenschaft. Aus ihrer algerischen Familie stammen einige sehr gute Rezepte, z. B. mein Coq au Vin oder das Lamm-Couscous. Wann immer mein Beruf uns Zeit lässt, stehen wir in der Küche, meistens ist das in unserem Haus in Arizona. Kochen und gutes Essen bedeuten für uns einfach Entspannung und Erholung.

Wenn bei meinem guten Appetit die Waage dann ein paar Pfunde zu viel anzeigt, ist Sport angesagt. Und ich achte auf vitaminreiche, fett- und kalorienarme Gerichte. Das muss ja nicht gleich »fad und trocken« heißen.

Oberstes Gebot beim Kochen: Die Zutaten müssen sorgfältig ausgewählt und vor allem frisch sein. Exotische Zutaten wie z. B. für meine vielen asiatischen Gerichte besorge ich im Asia-Shop, zum Teil gibt es sie aber auch schon in Supermärkten.

Aus meiner Gesellenzeit kenne ich noch den Spruch »Gutes Werkzeug ist die halbe Arbeit«. Was sich in der Feinmechanik bewährt hat, gilt für mich auch am Herd: Bei Pfannen, Töpfen und Küchengeräten achte ich auf Qualität. Es lohnt sich!

Wenn Sie nun anfangen meine Rezepte auszuprobieren, werden Sie merken, wie einfach sie nachzukochen sind. Die meisten Gerichte können Sie auch mal schnell zwischendurch »zaubern«. Zum Schluss noch ein Tipp: Wie ein Schauspieler nicht einfach nur das Drehbuch nachsprechen soll, dürfen auch Sie bei meinen Rezepten ruhig Ihre eigene »Würze« dazugeben. Sehen Sie meine Rezepte als Anregungen ...

Viel Freude beim Kochen
und einen »Guten Appetit«

wünscht Ihnen Ihr

Food for fitness

Gesundheit kommt nicht von ungefähr! Egal wo ich gerade bin – nach dem Aufstehen wird gejoggt und zum Frühstück gibt's ein kerniges Müsli mit Obst und Nüssen. Überhaupt: Gesundes Essen muss ja nicht »fad und langweilig« sein. Viele meiner Lieblingsrezepte sind richtige »Leicht-Gewichte«, leicht nachzukochen und leicht bekömmlich! Hier eine kleine Kostprobe ...

Apfel-Möhren-Papaya-Drink (Vitamin-A-Drink)

Zutaten (für 2 Portionen)

3 große Möhren

3 Äpfel

1 Papaya

2 TL gemahlene Haselnüsse

Zubereitung

1 Die Möhren waschen und schälen. Die Äpfel abwaschen, vierteln und entkernen.

2 Die Papaya der Länge nach halbieren und mit einem Löffel die Kerne herauslösen. Die Fruchthälften schälen, in mundgerechte Stücke schneiden.

3 Obst und Möhren grob zerkleinern und in die Saftpresse geben. Den Drink in Gläser füllen, die gemahlenen Haselnüsse dazugeben und nochmals umrühren.

Zitrusfrüchte-Drink (Vitamin-C-Drink)

Zutaten (für 2 Portionen)

2 rosa Pampelmusen

2 Orangen

1 Limette

Zubereitung

1 Die Zitrusfrüchte jeweils halbieren und auspressen.

2 Den Saft in einem ausreichend großen Gefäß mischen und auf zwei Gläser verteilen.

Blutorangen-Molke-Drink (Energy Drink)

Zutaten (für 2 Portionen)

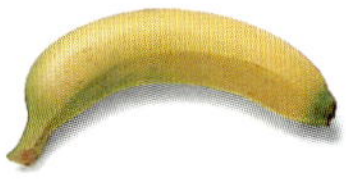

2 Blutorangen

200 ml Diätmolke (gut gekühlt)

1 EL Traubenzucker

1 Banane

Zubereitung

1 Die Blutorangen halbieren und auspressen. Den Saft mit der Diätmolke und dem Traubenzucker in einen Mixbecher geben.

2 Die Banane schälen, in mehrere Stücke geteilt in den Mixer dazugeben und alles fein pürieren. In zwei hohe Gläser füllen.

Sanddorn-Buttermilch-Drink

Zutaten (für 3–4 Portionen)

500 ml Buttermilch (gut gekühlt)
1 TL flüssiger Honig
5 EL Sanddornsaft
1 reife Banane
1 EL fein gemahlene Mandeln

Zubereitung

1 Die Buttermilch, den Honig und den Sanddornsaft vermischen. Mit der geschälten und grob zerteilten Banane in den Mixer füllen und gut pürieren.

2 In hohe Gläser füllen, mit den Mandeln bestreuen und nochmals umrühren.

Kefir-Erdbeer-Shake

Zutaten (für 4 Portionen)

200 g frische süße Erbeeren
1 EL Sanddornsaft
500 g fettarmer Kefir
1 EL Apfeldicksaft
(ersatzweise flüssiger Honig)

Zubereitung

1 Die Erdbeeren von den Stielen befreien und waschen. Dann mit dem Sanddornsaft im Mixer sehr fein pürieren. In hohe Gläser füllen.

2 Den Kefir mit dem Apfeldicksaft ebenfalls im Mixer vermischen. Zu dem Erdbeerpüree gießen und die Zutaten kurz umrühren.

Mein Tipp!

Wenn die Erdbeeren noch nicht süß bzw. reif genug sind, können Sie 1–2 TL Apfeldicksaft zum Erdbeerpüree geben.

Orangen-Joghurt

Zutaten (für 2 Portionen)

1 Orange

220 g Joghurt

1 EL Haferflocken

1 EL Weizenkeime

1 TL Honig

1 TL gehackte Nüsse

Zubereitung

1 Die Orange schälen, zerteilen und klein schneiden.

2 Den Joghurt mit den Haferflocken und den Weizenkeimen vermengen. Den Honig und die Orangenstücke untermischen.

3 Den Orangen-Joghurt in zwei Schüsseln verteilen und zum Schluss mit gehackten Nüssen bestreuen.

Joghurt 1001 Nacht

Zutaten (für 4 Portionen)

1 Salatgurke

2 Knoblauchzehen

500 g Joghurt

2 EL Magerquark

2 EL gehackte Pfefferminze

1 Prise Kreuzkümmel

Salz

Zubereitung

1 Die Gurke schälen und raspeln. Die Raspel in ein Sieb geben, gut ausdrücken und abtropfen lassen.

2 Den Knoblauch schälen, zum Joghurt pressen und mit dem Magerquark gut verrühren. Die gehackte Pfefferminze dazugeben. Mit Kreuzkümmel und Salz abschmecken.

3 Die Gurkenraspel untermischen und den Joghurt mindestens 2 Stunden im Kühlschrank ziehen lassen. Der Joghurt schmeckt gut als Dip zu gebratenem Gemüse.

Mein Früchte-Fitness-Müsli

Zutaten (für ca. 20 Portionen)

4 Tassen Haferflocken

2 Tassen Weizenflocken

2 Tassen Gerstenflocken

1/2 Tasse gehackte Mandeln

1/2 Tasse gehackte Haselnüsse

1/2 Tasse klein geschnittene Datteln

1/2 Tasse Rosinen

1/2 Tasse Kokoschips

1/2 Tasse Kürbiskerne

1 Tasse Bananenchips

Zubereitung

1 Alle Zutaten in einer großen Schüssel vermischen und in einem luftdichten Gefäß aufbewahren.

2 Pro Portion 1/2 Tasse der Müsli-Mischung mit einer beliebigen Menge Milch oder Joghurt in einer kleinen Schüssel vermischen. Je nach Geschmack etwas einweichen lassen oder sofort essen.

3 Für einen zusätzlichen Vitaminstoß können Sie das Flockenmüsli mit Obst entsprechend der Jahreszeit verfeinern. Im Sommer eignen sich z. B. frische Erdbeeren, Kiwis oder Aprikosen, im Winter Orangen und Mandarinen oder Trockenfrüchte.

Avocado mit Shrimps

Zutaten (für 2 Portionen)

1 reife große Avocado
2–3 EL Zitronensaft
1 durchgepresste Knoblauchzehe
4 EL Joghurt
Salz
1 kleines Bund Radieschen
1 Bund Schnittlauch
100 g Shrimps (vorgegart)

Zubereitung

1 Die Avocado einmal längs teilen und den Kern entfernen. Beide Hälften zu zwei Drittel aushöhlen, die Hälften und das Fruchtfleisch mit etwas Zitronensaft beträufeln.

2 Das Fruchtfleisch mit Knoblauch und Joghurt pürieren oder mit einer Gabel zerdrücken. Mit Salz und restlichem Zitronensaft abschmecken.

3 Die Radieschen waschen und achteln. Den Schnittlauch waschen, trockenschütteln und in Röllchen schneiden. Die Garnelen in ein Sieb geben, waschen und abtropfen lassen.

4 Radieschen und Shrimps mit dem Avocadopüree vermischen und in die ausgehöhlten Avocadohälften füllen. Mit den Schnittlauchröllchen bestreuen.

Salat mit Joghurt-Zitronen-Sauce

Zutaten (für 4 Portionen)

1 Kopf grüner Blattsalat
3–4 EL Zitronensaft
6 EL fettarmer Joghurt
1 EL Sonnenblumenöl
1/2 TL Apfeldicksaft
(ersatzweise etwas Zucker)
2 EL gehackte Kräuter
(z. B. Schnittlauch, Petersilie, Basilikum)
1 TL klein geschnittene Zwiebeln
Salz, Pfeffer

Zubereitung

1 Den Salatkopf von welken Blättern befreien, in einzelne Blätter zerteilen, in kaltem Wasser waschen und in einem Sieb abtropfen lassen.

2 Den Zitronensaft mit dem Joghurt, dem Öl, dem Apfeldicksaft und 4 EL Wasser glatt rühren. Die gehackten Kräuter und die Zwiebelstücke untermischen und zuletzt die Sauce mit Salz und Pfeffer abschmecken.

3 In einer Schüssel den grünen Salat mit dem Joghurt-Zitronen-Dressing vermischen und z. B. mit knusprigem Baguette servieren.

Puten-Mango-Sandwich

Zutaten (für 2 Sandwiches)

½ Mango

4 Scheiben Vollkorntoast

4 TL saure Sahne

Salz, Currypulver, Pfeffer

4 schöne Salatblätter

50 g Putenbrust-Aufschnitt

etwas Kresse

Zubereitung

1 Die Mangohälfte schälen, das Fruchtfleisch vom Kern und dann in Scheiben schneiden. Die Toastscheiben goldbraun toasten. Jede Scheibe mit 1 TL saurer Sahne bestreichen, salzen, mit Currypulver bestreuen und pfeffern.

2 Zwei Toastscheiben mit Salatblättern, Mangoscheiben und Putenbrust belegen. Zum Schluss mit der Kresse bestreuen. Mit der zweiten Toastscheibe belegen.

Hähnchen-Gemüse-Salat

Zutaten (für 2 Portionen)

500 g Brokkoli

1 Möhre, Salz

1 Strauchtomate

3 Frühlingszwiebeln

150 g Hähnchenbrustfilet

1 EL Distelöl

125 ml Hühnerbrühe

4 EL geröstete Kerne (z.B. Kürbis-, Sonnenblumen- oder Pinienkerne)

Für das Dressing:

2–3 EL Apfelessig

3 EL Distelöl

1 TL Senf

Salz, Pfeffer, Zucker

Zubereitung

1 Den Brokkoli und die Möhre putzen bzw. schälen, klein schneiden und in etwas Salzwasser bissfest garen. Abgießen und beiseite stellen.

2 Die Tomate kreuzweise einritzen und mit heißem Wasser überbrühen, dann häuten und klein schneiden. Die Frühlingszwiebeln von Wurzelansatz und welken Blättern befreien, waschen und in feine Ringe schneiden.

3 Das Hähnchenbrustfilet in feine Streifen schneiden. Das Öl in einer Pfanne erhitzen und das Fleisch darin anbraten.

4 Die Tomatenstückchen und die Frühlingszwiebelringe dazugeben und alles mit der Hühnerbrühe ablöschen. Etwas auskühlen lassen und zu dem Brokkoli-Möhren-Gemüse geben.

5 Die Zutaten für das Dressing verrühren und zu dem Salat geben. Den Salat gut durchmischen, nochmals abschmecken und mit den gerösteten Kernen bestreuen.

Möhrensalat mit Rosinen

Zutaten (für 2 Portionen)

500 g Möhren
2 EL Distelöl
2–3 EL Apfelessig
Salz, Pfeffer
60 g gehackte Haselnüsse
3 EL Rosinen

Zubereitung

1 Die Möhren waschen, schälen und fein raspeln. Aus Distelöl, Apfelessig, Salz und Pfeffer ein Dressing anrühren.

2 Möhren, Haselnüsse und Rosinen in eine Schüssel geben, mit dem Dressing gut vermischen und etwas ziehen lassen. Nochmals mit Salz und Pfeffer abschmecken.

Rohkostsalat mit Nüssen

Zutaten (für 4 Portionen)

2 Möhren
150 g Knollensellerie
1 kleiner Kohlrabi
1 Stange Lauch
3 Zweige Dill
3 Zweige Petersilie
2 EL gehackte Wal- oder Pekannüsse

Für das Dressing:

150 g Joghurt
3 EL saure Sahne
2 EL Distelöl
1–2 EL Apfelessig
Salz, Pfeffer, Zucker

Zubereitung

1 Die Möhren, den Sellerie und den Kohlrabi schälen, waschen und grob raspeln. Den Lauch von Wurzelansatz und äußeren Blättern befreien, längs durchschneiden und waschen. Abtropfen lassen, in feine Streifen schneiden.

2 Dill und Petersilie waschen, trockenschütteln und fein schneiden. Alle Zutaten in einer Schüssel vermischen. Für das Dressing die Zutaten miteinander verrühren und zu dem Salat geben.

3 Mit Salz, Pfeffer, Zucker und eventuell noch etwas Apfelessig abschmecken. Den Salat 30 Minuten ziehen lassen. Zum Schluss die gehackten Nüsse unterheben.

Nudelsalat mit Ananas

Zutaten (für 2 Portionen)

100 g Nudeln (z.B. Spiralen)
Salz
150 g Gemüse
(z.B. Möhren, Brokkoli, Kohlrabi)
2 Scheiben Ananas
(frisch oder aus der Dose)
1 Apfel
100 g geräucherter Putenbrust-Aufschnitt
2 EL Schnittlauchröllchen

Für das Dressing:

150 g fettarmer Joghurt
1 TL Honig, 1–2 TL Apfelessig
1–2 TL Currypulver
1 EL Sonnenblumenöl
Salz, Cayennepfeffer

Zubereitung

1 Die Nudeln in reichlich Salzwasser »al dente« kochen, abgießen und in einer großen Schüssel auskühlen lassen.

2 Inzwischen das Gemüse putzen, waschen und klein schneiden. In etwas Salzwasser bissfest garen, abtropfen und abkühlen lassen.

3 Die Ananasscheiben und den geschälten und entkernten Apfel klein schneiden. Den Putenbrust-Aufschnitt fein würfeln. Alle Zutaten in die Schüssel zu den Nudeln geben.

4 Die Zutaten für das Dressing verrühren, mit Salz und Cayennepfeffer abschmecken. Das Dressing über den Salat geben, alles gut miteinander mischen und den Salat etwas ziehen lassen. Nach Belieben nochmals mit Apfelessig, Salz und Currypulver abschmecken. Mit den Schnittlauchröllchen bestreuen.

Bandnudeln mit Paprika

Zutaten (für 2 Portionen)

2 kleine Zwiebeln
2 rote Paprikaschoten
200 g Strauchtomaten
1 Knoblauchzehe
3 Zweige Basilikum
1 TL Paprikapulver, mild
1/2 TL Cayennepfeffer
1/2 TL Thymian
1 TL Oregano
1 TL Balsamicoessig
1/2 TL Instant-Gemüsebrühepulver
Salz
150 g Bandnudeln (Tagliatelle)
1 EL Olivenöl
Pfeffer, Zucker
2 EL frisch geriebener Parmesan

Zubereitung

1 Die Zwiebeln schälen, halbieren und in feine Würfel schneiden. Die Paprikaschoten halbieren und entkernen. Die Hälften waschen und in feine Streifen schneiden.

2 Die Tomaten kreuzweise einritzen und mit heißem Wasser überbrühen, dann häuten und klein schneiden. Den Knoblauch schälen. Das Basilikum waschen und trockenschütteln, die Blätter abzupfen und klein schneiden.

3 Die Tomatenstückchen mit den Gewürzen und Kräutern (außer dem Basilikum), dem durchgepressten Knoblauch, dem Balsamicoessig, dem Gemüsebrühepulver und 3 EL Wasser in einer Schüssel vermischen.

4 In einem großen Topf ausreichend Salzwasser zum Kochen bringen. Die Bandnudeln darin »al dente« kochen, abgießen und in einem Sieb abtropfen lassen.

5 Inzwischen das Olivenöl in einer Pfanne erhitzen. Zwiebelwürfel und Paprikastreifen darin anschwitzen und bissfest garen. Die Tomatenmischung dazugeben und alles etwas einköcheln lassen.

6 Die Sauce mit Pfeffer und Zucker abschmecken. Die Bandnudeln und das klein geschnittene Basilikum dazugeben und gut unterheben. Auf vorgewärmten Tellern anrichten und mit Parmesan bestreuen.

Mein Tipp!

Die Bandnudeln nach dem Abgießen nicht mit kaltem Wasser abschrecken, dann bleiben sie etwas klebrig und nehmen die Sauce besser auf.

Grüne Bohnen mit Putenfilet

Zutaten (für 2 Portionen)

400 g Prinzessbohnen (grüne Bohnen)
1 Zweig Bohnenkraut, Salz
150 g Kidney-Bohnen (aus der Dose)
200 g Putenbrustfilet
1 EL Zitronensaft, 1 EL Pflanzenöl
2 EL Cashewkerne, 2 TL Currypulver
1/2 TL Cayennepfeffer
300 g fettarmer Joghurt
Pfeffer
1 EL gehackte Kräuter (z.B. Kerbel, Petersilie)

Zubereitung

1 Die Prinzessbohnen von den Stielansätzen befreien, waschen und mit dem Bohnenkraut in etwas Salzwasser bissfest garen. Die Bohnen in ein Sieb abgießen und kalt abschrecken, das Bohnenkraut entfernen. Die Kidney-Bohnen ebenfalls abgießen.

2 Das Putenfilet in mundgerechte Stücke schneiden und mit dem Zitronensaft beträufeln. Das Öl in einer Pfanne erhitzen und das Putenfleisch darin etwa 3–5 Minuten unter Rühren braten.

3 Die grünen und die Kidney-Bohnen sowie die Cashewkerne dazugeben. Mit Currypulver und Cayennepfeffer würzen.

4 Die Herdplatte ausschalten, den Joghurt unter das Fleisch und das Gemüse rühren, alles mit Salz und Pfeffer abschmecken. Mit den Kräutern bestreut servieren.

Kartoffelpfanne mit Kräuterquark

Zutaten (für 2 Portionen)

Für die Kartoffelpfanne:

500 g Pellkartoffeln
(am Vortag gekocht)
2 Zwiebeln
250 g Champignons
2 EL Sonnenblumenöl
2 Zweige Rosmarin
Salz, Pfeffer

Für den Kräuterquark:

125 g Magerquark
3 EL Joghurt, 1 Knoblauchzehe
3 EL gehackte Kräuter
(z. B. Petersilie, Dill, Schnittlauch)
Salz, Pfeffer

Zubereitung

1 Die Kartoffeln pellen und in Scheiben scheiden. Die Zwiebeln schälen und in feine Ringe schneiden. Die Champignons putzen und vierteln.

2 Das Öl in einer Pfanne erhitzen. Die Rosmarinzweige im Öl anbraten und wieder herausnehmen. Kartoffel- und Zwiebelscheiben in derselben Pfanne goldbraun anbraten, die Champignons dazugeben und ebenfalls kurz mitbraten. Die Rosmarinzweige wieder dazugeben und alles mit Salz und Pfeffer abschmecken. Die Rosmarinzweige erst vor dem Servieren entfernen.

3 Für den Kräuterquark den Magerquark mit dem Joghurt verrühren, die geschälte Knoblauchzehe dazupressen. Die Kräuter untermischen und alles mit Salz und Pfeffer abschmecken. Die Kartoffelpfanne mit dem Kräuterquark servieren.

Gemüse-Körndl-Curry

Zutaten (für 2 Portionen)

100 g Dinkel
1 kleine rote Chilischote
500 g Blumenkohl
2 Möhren
2 kleine Kartoffeln
4 Frühlingszwiebeln
2 TL Sonnenblumenöl
2 TL Currypulver
500 ml Gemüsebrühe
Salz, Pfeffer
1 Zweig Koriander
150 g fettarmer Joghurt
1/2 TL Kreuzkümmel

Zubereitung

1 Den Dinkel gründlich waschen und in der dreifachen Menge Wasser über Nacht einweichen. Das Einweichwasser abgießen, den Dinkel mit der dreifachen Menge Wasser aufkochen und in 5–10 Minuten weich garen, abgießen.

2 Die Chilischote entkernen, abspülen und klein schneiden. Blumenkohl, Möhren, Kartoffeln und Frühlingszwiebeln waschen bzw. schälen und klein schneiden. Das Öl in einer Pfanne erhitzen und Gemüse, Chilischote und Currypulver hinzufügen. Etwa 3 Minuten unter Rühren braten.

3 Alles mit Gemüsebrühe aufgießen und die Dinkelkörner dazugeben. Das Curry etwa 15 Minuten zugedeckt schmoren lassen, zuletzt mit Salz und Pfeffer abschmecken.

4 Das Koriandergrün waschen, trockenschütteln, klein schneiden und unter den Joghurt rühren. Mit Kreuzkümmel und Salz abschmecken. Die Joghurtsauce über das Gemüsecurry geben.

Libanesisches Taboulé

Zutaten (für 4–6 Portionen)

350 g Bulgur
2 Bund glatte Petersilie
6 Zweige frische Pfefferminze
2 Knoblauchzehen
6 Strauchtomaten, 1 Salatgurke
1 TL Kreuzkümmel
1 TL Cayennepfeffer
4 EL Olivenöl, 3–4 EL Zitronensaft
Salz, Pfeffer

Zubereitung

1 Den Bulgur in 750 ml kochendes Wasser einstreuen und auf der abgeschalteten Herdplatte 15–20 Minuten quellen lassen. Den Bulgur auskühlen lassen.

2 Die Kräuter waschen, trockenschütteln und sehr fein hacken. Den Knoblauch schälen. Die Tomaten und die Gurke waschen und in feine Würfel schneiden.

3 Den geschälten Knoblauch zum Bulgur pressen und mit Gewürzen, Olivenöl, Zitronensaft und den Kräutern gut vermischen. Tomaten- und Gurkenwürfel unterheben.

4 Das Taboulé 2 Stunden im Kühlschrank ziehen lassen. Vor dem Servieren mit Salz und Pfeffer abschmecken.

Gambas mit Ingwerreis

Zutaten (für 2 Portionen)

120 g Langkornreis, Salz
8 Riesengarnelen (geschält, roh)
1 Papaya
2 EL Zitronensaft
2 Knoblauchzehen
3 cm frische Ingwerwurzel
2 Stangen Lauch
1 rote Chilischote
3 TL Olivenöl
2–3 EL helle Sojasauce

Zubereitung

1 Den Reis in Salzwasser körnig kochen, zur Seite stellen. Die Gambas säubern und den Darm entfernen.

2 Die Papaya halbieren und die Kerne herauslösen. Die Fruchthälften schälen, in Stücke schneiden und mit dem Zitronensaft beträufeln. Knoblauch und Ingwer schälen.

3 Den Lauch putzen, waschen und in feine Streifen schneiden. Chili entkernen, abspülen und fein schneiden. In einer Pfanne 2 TL Olivenöl erhitzen. Die Gambas darin rundum knusprig braten, herausnehmen und warm stellen.

4 Den Lauch in derselben Pfanne mit dem restlichen Olivenöl andünsten. Fein gehackten Ingwer, Knoblauch und Chili dazugeben. Den Reis unterrühren und miterhitzen. Mit der Sojasauce abschmecken und die Papayastücke dazugeben. Den Reis mit den Gambas servieren.

Spinat-Lachs-Auflauf

Zutaten (für 2 Portionen)

500 g Kartoffeln, 4 Schalotten
300 g Blattspinat
(frisch oder tiefgekühlt)
120 g Lachsfilet
2 EL Zitronensaft
Salz, Pfeffer, Muskatnuss
125 g saure Sahne
100 ml fettarme Milch
2 EL frisch geriebener Parmesan
1 durchgepresste Knoblauchzehe
Butter für die Form

Zubereitung

1 Die Kartoffeln kochen, pellen und in Scheiben schneiden. Schalotten schälen und in feine Ringe schneiden. Den Backofen auf 180 °C vorheizen.

2 Den Spinat verlesen, blanchieren und grob schneiden (tiefgekühlten Blattspinat rechtzeitig auftauen lassen). Den Lachs abwaschen, trockentupfen, klein schneiden und mit dem Zitronensaft beträufeln.

3 Kartoffelscheiben, Schalottenringe, Spinat und Lachsstücke abwechselnd in eine gefettete Auflaufform schichten und gut mit Salz, Pfeffer und Muskatnuss würzen.

4 Die saure Sahne mit Milch, Parmesan und Knoblauch verrühren. Über die Zutaten in der Auflaufform gießen. 30–40 Minuten im Backofen backen.

Seezunge
mit Kartoffelsalat

Zutaten (für 2 Portionen)

300 g fest kochende Kartoffeln
Salz
je 1 rote und gelbe Paprikaschote
2 Frühlingszwiebeln
1 Bund glatte Petersilie
2 EL Gemüsemais (aus der Dose)
2 Seezungenfilets (à etwa 100 g)
2 EL Zitronensaft
1 TL Butter, Pfeffer, Zucker

Für das Dressing:

1 TL Senf, 1 EL Weißweinessig
50 ml Instant-Gemüsebrühe
1/2 TL Currypulver, 2 EL Pflanzenöl
Salz, Pfeffer

Zubereitung

1 Die Kartoffeln waschen und mit der Schale in etwas Salzwasser kochen. Auskühlen lassen, pellen und in Scheiben schneiden.

2 Paprika halbieren, entkernen, die Hälften waschen und würfeln. Die Frühlingszwiebeln von Wurzelansatz und welken Blättern entfernen, waschen und in feine Ringe schneiden. Die Petersilie waschen, trockenschütteln und fein hacken.

3 Für das Dressing Senf, Weißweinessig, Gemüsebrühe, Currypulver und Öl verrühren. Alle Salatzutaten mit dem Dressing vermischen, den Gemüsemais dazugeben und mit Salz, Pfeffer und Zucker abschmecken.

4 Die Seezungenfilets abwaschen, trockentupfen und mit dem Zitronensaft beträufeln. Die Butter in einer Pfanne vorsichtig erhitzen und die Fischfilets darin von beiden Seiten braten. Salzen und pfeffern. Den Kartoffelsalat auf zwei Tellern mit den Fischfilets anrichten.

Back to the roots

Meine Wurzeln liegen in Bayern. Hier fühle ich mich auch kulinarisch zu Hause. Reiberdatschi, Leberknödelsuppe, Kaiserschmarrn – diese »Leibspeisen« erinnern mich an meine Kindheit. Mein Vater hat nämlich die beste Leberknödelsuppe überhaupt gekocht. Von ihm habe ich auch meine Kochleidenschaft geerbt. »Dahoam is halt dahoam« – und es gibt nix Schöneres als eine zünftige Brotzeit und ein gepflegtes Weißbier!

Herzhaft gefüllte Paprikaschoten

Zutaten (für 4 Portionen)

2 Zwiebeln
1 Knoblauchzehe
1/2 Bund Petersilie
4 große grüne Paprikaschoten
etwas Olivenöl
200 g gewürfelter Frühstücksspeck
250 g Rinder- oder Schweinehackfleisch
400 g gekochter Langkornreis
Cayennepfeffer
Salz, schwarzer Pfeffer
480 g geschälte Tomaten (aus der Dose)
50 ml Portwein (ersatzweise Sherry)
500 ml Instant-Fleischbrühe
etwas Zucker

Zubereitung

1 Die Zwiebeln und den Knoblauch schälen und fein schneiden. Die Petersilie waschen, trockenschütteln und fein hacken.

2 Die Paprikaschoten waschen, den Deckel abschneiden, Kerne und Innenhaut entfernen. Die Paprika rundherum in etwas Öl kurz anbraten und wieder abkühlen lassen.

3 In derselben Pfanne die Speckwürfel auslassen. Dann das Hackfleisch, die Zwiebeln und den Knoblauch hineingeben und unter Rühren braten. 6 EL von dieser Hackfleischmischung beiseite stellen.

4 Den Reis zu der restlichen Hackfleischmischung in die Pfanne geben. Mit Cayennepfeffer, Salz und Pfeffer abschmecken. Die Petersilie unterheben. Die Mischung in die Paprikaschoten füllen, die Paprikadeckel darauf setzen und die gefüllten Schoten in eine feuerfeste Form geben.

5 Den Backofen auf 200 °C vorheizen. Die zerkleinerten Tomaten mit dem Tomatensaft, den 6 EL Hackfleischmischung, dem Portwein und der Fleischbrühe in einen kleinen Topf geben und kurz aufkochen. Mit Salz, Pfeffer und Zucker abschmecken.

6 Diese Sauce zu den gefüllten Paprikaschoten in die Auflaufform gießen. Alles etwa 30–40 Minuten im Backofen garen, dabei die Auflaufform zunächst 20 Minuten mit Alufolie abdecken.

Variante

150 g Schafskäse zerbröseln und 15 Minuten vor Ende der Garzeit über die Paprikaschoten geben.

Kartoffelsalat mit Gurken

Zutaten (für 4–6 Portionen)

1 kg fest kochende Kartoffeln
Salz
250 g Gewürzgurken
3 kleine Zwiebeln
1 Bund Schnittlauch
250 ml Gurkenwasser
3–4 EL Weinessig
4 EL Öl, Pfeffer
200 g ausgelassene Frühstücksspeckwürfel

Zubereitung

1 Die Kartoffeln waschen und mit der Schale in Salzwasser kochen, etwas abkühlen lassen.

2 Die Gurken und die geschälten Zwiebeln klein schneiden. Den Schnittlauch waschen, trockenschütteln und fein schneiden.

3 Für die Salatsauce Gurkenwasser, Essig und Öl verrühren, mit Salz und Pfeffer abschmecken.

4 Die noch warmen Kartoffeln pellen, mit den Gurken, Zwiebeln, ausgelassenen Speckwürfeln und der Salatsauce vermischen. Etwas ziehen lassen und mit dem Schnittlauch bestreut servieren.

Mein spezieller Obatzda

Zutaten (für 4 Portionen)

150 g Doppelrahmfrischkäse
150 g Camembert
je 150 g von 2 verschiedenen würzigen Weichkäsen (z.B. Chaumes, Saint Albray oder Limburger)
2 Zwiebeln, 1 Bund Schnittlauch
1 TL Paprikapulver (mild)
1 TL Paprikapulver (scharf)
Salz, Pfeffer, etwas dunkles Bier

Zubereitung

1 Die Zwiebeln schälen und fein würfeln. Den Schnittlauch waschen, trockenschütteln und in feine Röllchen schneiden.

2 Alle Käsesorten mit einer Gabel zerdrücken. Die Zwiebelwürfel, Schnittlauchröllchen und die beiden Paprikapulver gut einarbeiten.

3 Mit Salz, Pfeffer und einem Schuss dunklem Bier abschmecken. Mit herzhaftem Bauernbrot servieren.

Kasspatzn

Zutaten (für 4 Portionen)

2 große Zwiebeln
100 g Butter
500 g Weizenmehl
6 Eier
Salz
130 g geriebener Bergkäse
260 g geriebener Schweizer Käse
Pfeffer

Zubereitung

1 Die Zwiebeln schälen und in Ringe oder feine Würfel schneiden. Butter in einer Pfanne erhitzen und die Zwiebeln darin in etwa 15 Minuten dunkelbraun schmelzen.

2 Für den Teig das Mehl mit Eiern und etwas Salz verrühren. Ist der Teig zu zäh, noch etwas Wasser dazugeben. Den Teig mindestens 15 Minuten ruhen lassen. In einem großen Topf ausreichend Salzwasser zum Kochen bringen.

3 Durch eine Spätzlepresse oder Spätzlereibe etwa ein Sechstel des Teigs in kochendes Salzwasser pressen, aufwallen lassen. Die Spätzle mit einer Schaumkelle aus dem Wasser nehmen und in einem Sieb abtropfen lassen. In eine Servierschüssel geben und mit gut einem Sechstel des Käses bedecken.

4 Diesen Vorgang so oft wie nötig wiederholen. Die Servierschüssel möglichst geschlossen auf einem Wasserbad warm halten (nicht im Backofen, da die Spatzn sonst zu trocken werden).

5 Die letzte Schicht Kasspatzn mit den geschmelzten Zwiebeln garnieren. Je nach Geschmack mit frisch gemahlenem Pfeffer verfeinern.

Wurstsalat

Zutaten (für 4 Portionen)

400 g Regensburger Wurst

3 kleine Zwiebeln

150 g süß-saure Gewürzgurken

150 g Äpfel

4 EL Essig

125 ml Gurkenwasser

4 EL Sonnenblumenöl

Salz, Pfeffer

3 EL gehackte Petersilie

Zubereitung

1 Die Wurst in Streifen schneiden. Die Zwiebeln schälen, halbieren und ebenfalls in Streifen schneiden. Die Gurken fein würfeln. Äpfel schälen, entkernen und in kleine Stücke schneiden.

2 Alles mit dem Essig, dem Gurkenwasser und dem Öl vermengen. Mit Salz und Pfeffer abschmecken und mindestens 2 Stunden ziehen lassen. Zum Schluss die Petersilie unterheben.

Variante

Geben Sie noch 150 g Emmentaler Käse, in Streifen geschnitten, zum Wurstsalat.

Erbsensuppe

Zutaten (für 6 Portionen)

250 g getrocknete grüne Erbsen
200 g durchwachsener Räucherspeck
1 Knoblauchzehe
2 Zwiebeln
3 Möhren
2 Kartoffeln
2 Selleriestangen
1 Tomate
2 EL Sonnenblumenöl
1 1/2–2 l Fleischbrühe
1 TL Majoran
Salz, Pfeffer
1/2 Bund Petersilie

Zubereitung

1 Die Erbsen über Nacht (mindestens 5 Stunden) in 500 ml kaltem Wasser einweichen. Dann in ein Sieb abgießen.

2 Den Speck in Würfel schneiden. Die Knoblauchzehe und die Zwiebeln schälen und fein hacken. Die Möhren und die Kartoffeln waschen, schälen und klein schneiden.

3 Die Selleriestangen putzen, waschen und in feine Scheiben schneiden. Die Tomate kreuzweise einritzen, mit heißem Wasser überbrühen, häuten und in kleine Würfel schneiden.

4 Das Öl in einem Topf erhitzen. Speckwürfel, Zwiebeln und Knoblauch kurz darin andünsten. Mit etwa 1 1/2 l Fleischbrühe auffüllen und die Erbsen dazugeben. Das Ganze etwa 20 Minuten köcheln lassen, dabei ab und zu umrühren.

5 Möhren, Sellerie, Tomaten, Kartoffeln und Majoran dazugeben und weitere 45–60 Minuten kochen lassen. Sollte die Erbsensuppe zu dick sein, etwas Fleischbrühe nachgießen – sie sollte eine sämige Konsistenz haben. Mit Salz und Pfeffer abschmecken und mit gewaschener und gehackter Petersilie bestreut servieren.

Frittatensuppe

Zutaten (für 4 Portionen)

2 Pfannkuchen (siehe Rezept S. 32)
1 l Rinderbrühe
Schnittlauchröllchen

Zubereitung

1 Pfannkuchen nach Rezept zubereiten. Die Pfannkuchen abkühlen lassen, aufrollen und mit einem scharfen Messer in dünne Streifen schneiden.

2 Die Pfannkuchen in der heißen Rinderbrühe kurz ziehen lassen. Die Suppe mit Schnittlauch bestreut servieren.

Leberknödelsuppe

Zutaten (für 4 Portionen)

50 g durchwachsener Räucherspeck
1 Zwiebel
1/2 Bund Petersilie
150 g gemahlene Kalbsleber (vom Metzger sehr fein durchdrehen lassen)
75 g Semmelbrösel
1 Ei
Salz, Pfeffer, Muskatnuss
1 TL Majoran
1 l Fleischbrühe
eventuell etwas Grieß

Zubereitung

1 Den Speck und die geschälte Zwiebel sehr fein würfeln. Die Petersilie waschen, trockenschütteln und fein hacken. Den Speck in einer Pfanne auslassen, die Zwiebeln dazugeben und anschwitzen, dann alles auskühlen lassen.

2 Leber, Semmelbrösel, Ei, Speckmischung und Petersilie vermengen. Salz, Pfeffer, Muskatnuss und Majoran dazugeben und den Teig 30 Minuten ruhen lassen.

3 Die Fleischbrühe erhitzen. Zuerst einen Probeknödel kochen – wenn der zu weich ist, noch etwas Grieß in die Lebermasse geben. Von der Masse jeweils 1 EL abstechen und mit dem Zeigefinger vom Löffel in die heiße Fleischbrühe streifen. Die Knödel etwa 10–15 Minuten in der heißen Brühe ziehen lassen.

Mein Tipp!

Besonders fein schmeckt die Brühe, wenn Sie etwas Sherry oder Portwein hineingeben.

Grießnockerlsuppe

Zutaten (für 4 Portionen)

25 g weiche Butter
1 Ei
60–70 g Grieß
Salz
Muskatnuss
1 l Fleischbrühe
1/2 Bund Schnittlauch

Zubereitung

1 Die Butter schaumig rühren, Ei und Grieß dazugeben, mit Salz und Muskatnuss würzen. 30 Minuten ruhen lassen.

2 Die Fleischbrühe kurz aufkochen, dann leicht sieden lassen. Mit einem Teelöffel etwas Teig von der Grießmasse abstechen. Mit einem zweiten Teelöffel die Masse vom ersten Teelöffel abstreifen und in die Suppe geben.

3 Die Grießnockerl bei kleiner Hitze in der Fleischbrühe etwa 8–10 Minuten gar ziehen lassen. Den Schnittlauch waschen, trockenschütteln und in Röllchen schneiden. Vor dem Servieren die Suppe mit den Schnittlauchröllchen bestreuen.

Apfelkücherl

Zutaten (für 4 Portionen)

3 Eier
200 ml Milch
1 Prise Salz
1 1/2 EL Zucker
125 g Mehl
2 Äpfel
Butterschmalz zum Ausbacken
Zimtzucker zum Bestreuen

Zubereitung

1 Die Eier, die Milch, Salz und Zucker in einer Rührschüssel miteinander verquirlen. Das gesiebte Mehl unterrühren.

2 Die Äpfel schälen, achteln, in feine Scheiben schneiden und unter den Teig heben.

3 Jeweils etwas Butterschmalz in einer Pfanne erhitzen und pro Apfelkücherl eine kleine Kelle Apfelteig in die Pfanne geben.

4 Die Apfelkücherl von beiden Seiten goldgelb ausbacken und mit Zimtzucker bestreut servieren. Besonders gut schmeckt dazu Vanille- oder Zimteis.

Pfannkuchen mit Kaviar

Zutaten (für ca. 8 Pfannkuchen)

3 Eier
250 ml Milch
1/2 TL Salz
125 g Mehl
Butterschmalz zum Ausbacken
Für den Belag:
100 g Sauerkraut
100 g saure Sahne
1 Döschen Kaviar

Zubereitung

1 Die Eier mit der Milch und dem Salz verrühren. Das gesiebte Mehl dazugeben, den Teig gut mit dem Schneebesen verquirlen und etwa 15 Minuten quellen lassen. Inzwischen für den Belag das Sauerkraut in einem kleinen Topf erhitzen und warm halten.

2 Etwas Butterschmalz in einer Pfanne erhitzen, je eine kleine Kelle Teig in der Pfanne verfließen lassen und die Pfannkuchen auf beiden Seiten goldgelb ausbacken.

3 Zum Servieren auf jeden Pfannkuchen etwas von dem warmen Sauerkraut verteilen. Einen Klecks saure Sahne auf das Kraut geben. Zum Schluss etwas Kaviar auf die saure Sahne setzen.

Kaiserschmarrn

Zutaten (für 3–4 Portionen)

3 Eier

3 EL Zucker

500 g Sahne

125 g Mehl

3 EL Rosinen

4 EL Mandelblättchen

Butterschmalz zum Ausbacken

Puderzucker zum Bestäuben

Zubereitung

1 Die Eier trennen. Das Eigelb mit dem Zucker schaumig schlagen. Die Sahne dazugeben. Das gesiebte Mehl und die Rosinen unterrühren.

2 Das Eiweiß steif schlagen und vorsichtig unter den Teig heben. Den Teig etwa 15 Minuten quellen lassen.

3 Pro Portion 1 EL Butterschmalz in einer Pfanne erhitzen und ein Viertel vom Teig darin verteilen. Jeweils zuerst die Unterseite goldgelb backen, dann den Fladen wenden und sofort mit zwei Gabeln in Stücke reißen.

4 Je 1 EL Mandelblättchen dazugeben und den Kaiserschmarrn unter Rühren weiterbacken, bis die Mandeln leicht braun sind. Mit Puderzucker bestäubt servieren. Dazu schmeckt Pflaumenkompott.

Reiberdatschi

Zutaten (für 4 Portionen)

800 g fest kochende Kartoffeln

1 mittelgroße Zwiebel

1 Ei

Salz, Pfeffer

Pflanzenöl zum Ausbacken

Zubereitung

1 Die Kartoffeln waschen und schälen, auf einer Küchenreibe fein raspeln und in einem sauberen Geschirrhandtuch etwas ausdrücken. Die Zwiebel schälen und ebenfalls fein reiben. Die Kartoffeln und die Zwiebeln mit dem Ei vermischen. Mit Salz und Pfeffer würzen.

2 Etwas Öl in einer Pfanne erhitzen. Je 1/2 EL der Kartoffelmasse hineingeben, rund ausstreichen und von beiden Seiten goldgelb ausbacken. Die Reiberdatschi auf ein Küchenkrepp geben und das Fett etwas abtropfen lassen. Mit Apfelkompott servieren.

Variante

Geben Sie noch 3 EL klein gehackte frische Kräuter wie z. B. Petersilie, Schnittlauch oder Kerbel mit in den Teig.

Krautwickerl

Zutaten (für 4 Portionen)

1 Kopf Weißkohl
Salz
1 altbackene Semmel
2 Zwiebeln
1/8 Knollensellerie
1 Möhre
Pfeffer
500 g Rinderhackfleisch
1 Ei
2 Knoblauchzehen
1 TL Liebstöckl
(getrocknet oder frisch gehackt)
1/2 TL Cayennepfeffer
3 EL Butterschmalz
1 Prise Zucker
1 EL Mehl
400 ml Fleischbrühe

Zubereitung

1 Bei dem Kohlkopf den Strunk mit einem spitzen Messer ausstechen. Den Kohl im Ganzen ca. 10 Minuten in heißem Salzwasser blanchieren, bis die äußeren Blätter sich lösen. Dann abgießen und abkühlen lassen.

2 Die Semmel in etwas Wasser einweichen. Die Zwiebeln schälen und fein würfeln. Sellerie und Möhre schälen und grob raspeln. Von dem Kohlkopf acht Blätter lösen, pfeffern und salzen.

3 Die eingeweichte Semmel ausdrücken und mit dem Hackfleisch, dem Ei, der Hälfte der Zwiebeln, den durchgepressten Knoblauchzehen, dem Liebstöckl, 1 1/2 TL Salz und dem Cayennepfeffer vermengen. In die Mitte jedes Kohlblatts etwa ein Achtel der Hackfleischmasse geben. Jedes Kohlblatt zu einer Roulade formen und mit Küchengarn zu einem Päckchen schnüren.

4 Das Butterschmalz in einem Bräter erhitzen, die Krautwickerl von beiden Seiten schön braun anbraten und aus dem Bräter nehmen. Die restlichen Zwiebeln, die Sellerie- und die Möhrenraspel in den Bräter geben, mit Zucker bestreuen und anschwitzen.

5 Das Gemüse mit 1 EL Mehl bestäuben und mit der Fleischbrühe ablöschen. Die Krautwickerl dazugeben und ca. 45 Minuten köcheln lassen, dabei ab und zu wenden. Die Krautwickerl auf Tellern anrichten. Die Sauce mit Salz und Pfeffer abschmecken und darüber geben. Dazu schmecken Bratkartoffeln oder Reis.

SWEET 'N NATURAL
CORN

Kartoffelknödel

Zutaten (für etwa 8 Knödel)

1 kg mehlig kochende Kartoffeln

Salz

2 Scheiben Toastbrot

1 EL Butter

150–200 g Mehl

2 Eier

1 Prise Muskatnuss

Zubereitung

1 Die Kartoffeln waschen und in etwas Salzwasser kochen. Inzwischen die Toastscheiben leicht antoasten und in je 12 Würfel schneiden. In einer Pfanne die Butter zerlassen, die Toastwürfel darin goldbraun backen und abkühlen lassen.

2 Etwa 2 1/2 l Wasser mit 1 Prise Salz zum Kochen bringen. Die fertigen Kartoffeln etwas abkühlen lassen und pellen. Die Kartoffeln durch eine Presse drücken und mit dem Mehl, den Eiern, 1 TL Salz und Muskatnuss zu einem glatten Teig verarbeiten.

3 Eine Schüssel mit kaltem Wasser bereitstellen. Die Hände vor der Zubereitung eines jeden Knödels in dem Wasser anfeuchten. Von dem Teig etwa tennisballgroße Stücke abnehmen und auf der Handfläche flach auseinander drücken. In die Mitte immer drei Brotwürfel geben, den Teig darüber zusammendrücken und glatte, runde Knödel formen.

4 Die Knödel in das kochende Salzwasser geben. Die Herdplatte etwas herunterschalten und die Knödel etwa 20 Minuten ziehen lassen.

Kirchweihgans

Zutaten (für 8 Portionen)

1 bratfertige Gans (4–5 kg)
Salz
6 kleine Zwiebeln, 2 Möhren
100 g Knollensellerie, 100 g Lauch
500 ml Geflügelfond
50 ml Malzbier, 2 EL Mehl
3–4 TL Preisel- oder
Johannisbeermarmelade
Thymian, Pfeffer

Für die Füllung:

500 g vorgegarte Maronen
3 grobe frische Bratwürste (500 g)
1 Bund Petersilie
150 g Zwiebeln, 1 EL Butter
2 Eier, 2 EL Thymian
1 TL Salz, etwas Pfeffer

Zubereitung

1 Für die Füllung die Maronen mit einer Gabel zerdrücken. Die Bratwürste mit einem spitzen Messer aufschlitzen und das Brät herausdrücken.

2 Die Petersilie waschen, trockenschütteln und fein hacken. Zwiebeln schälen und klein schneiden, in der Butter anschwitzen und auskühlen lassen. Alle Zutaten für die Füllung vermischen. Den Backofen auf 220 °C vorheizen.

3 Die Gans waschen, trockentupfen und innen mit etwa 3 TL Salz einreiben. Die Gans füllen und die Öffnung mit Küchengarn zunähen.

4 Die Zwiebeln schälen und vierteln. Möhren und Sellerie waschen, schälen und in grobe Stücke schneiden. Lauch von Wurzelansatz und welken Blättern befreien, längs durchschneiden, waschen und in Streifen schneiden.

5 Die Gans mit der Brustseite nach unten auf den Rost über der Ofenpfanne in den vorgeheizten Backofen schieben. Nach 30 Minuten die Temperatur auf 180–190 °C reduzieren. Die Gans insgesamt 2 1/2–3 Stunden braten, währenddessen alle 30 Minuten umdrehen und immer wieder mit dem Bratfett übergießen.

6 Damit das Fett austreten kann, die Gans nach 1 Stunde an den Seiten mit einer Gabel einstechen. Etwa 1 Stunde vor Ende der Garzeit das Bratfett zur Hälfte abschöpfen und das Gemüse mit in die Ofenpfanne geben.

7 Die fertige Gans im ausgeschalteten Ofen noch etwa 15 Minuten ruhen lassen. Das Gemüse und das Fett durch ein Sieb abgießen und in einen Topf passieren, das abgegossene Fett beiseite stellen.

8 Mit dem Geflügelfond den Bratensatz aus der Ofenpfanne lösen und anschließend mit dem Malzbier zu dem pürierten Gemüse gießen. Die Sauce etwas einköcheln lassen. Das Mehl mit etwas kaltem Wasser anrühren und die Sauce damit binden.

9 Die Sauce mit Marmelade, Thymian, Salz und Pfeffer abschmecken. Dazu schmecken selbst gemachte Kartoffelknödel (siehe Rezept links) und Blaukraut.

Surhaxn mit Kraut

Zutaten (für 4 Portionen)

Für die Surhaxn:

2 gepökelte Eisbeine

4 große Zwiebeln

3 Lorbeerblätter, 5 Pimentkörner

1 EL Schweineschmalz

Für das Kraut:

1 kleine Zwiebel

750 g Sauerkraut

3 EL Schweineschmalz

10 Wacholderbeeren

2 Pimentkörner

2 Lorbeerblätter

500 ml Weißwein

je 1 Prise Salz und Zucker

Zubereitung

1 Die Eisbeine kalt abwaschen und in einen großen Topf geben. Den Topf mit reichlich kaltem Wasser auffüllen.

2 Die Zwiebeln schälen. Die Lorbeerblätter, die Pimentkörner und das Schweineschmalz mit den Zwiebeln zu den Eisbeinen in den Topf geben.

3 Alles einmal bei starker Hitze aufkochen lassen. Dann die Eisbeine bei schwacher Hitze etwa 2 – 2 1/2 Stunden köcheln lassen.

4 Nach etwa 1 Stunde mit der Zubereitung des Krauts beginnen. Dafür die Zwiebel schälen und fein hacken.

5 In einem mittelgroßen Topf das Schweineschmalz erhitzen und die Zwiebeln darin anschwitzen. Das Sauerkraut dazugeben und mit Wacholderbeeren, Pimentkörnern und Lorbeerblättern würzen.

6 Den Weißwein über das Sauerkraut gießen und je 1 Prise Salz und Zucker einstreuen. Das Kraut 1 1/2 Stunden köcheln lassen.

7 Am Ende der Garzeiten das Fleisch von den Knochen lösen und in größere Portionsstücke schneiden. Das Eisbein auf dem Kraut servieren. Dazu schmeckt z. B. Kartoffelpüree.

Mein Tipp!

Sie können Surhaxn und Kraut schon am Vortag kochen und am nächsten Tag beides langsam in einem Topf wieder aufwärmen. Aufgewärmt schmeckt's fast noch besser ...

Variante

Statt fertigem Sauerkraut können Sie auch frisches Weißkraut verwenden: Dafür in einem Schmortopf das Schmalz erhitzen und darin 1 1/2 kg grob geschnittenes Weißkraut mit der gehackten Zwiebel und etwas Zucker anschwitzen. Die Gewürze dazugeben und die bereits etwa 1 Stunde gegarten Surhaxn auf das Kraut setzen. Mit Weißwein und Eisbeinsud aufgießen, sodass alles gerade bedeckt ist. Noch etwa 1 1/2 Stunden kochen lassen.

Sellerie-Sahne-Püree

Zutaten (für 4 Portionen)

600 g Kartoffeln

400 g Knollensellerie

1 1/2 l Instant-Gemüsebrühe

200–250 g Sahne

60 g Butter

Salz

Muskatnuss

Zubereitung

1 Die Kartoffeln und den Sellerie schälen und in grobe Würfel schneiden. Das Selleriegrün waschen, trockenschütteln und in sehr feine Streifen schneiden.

2 Die Kartoffel- und Selleriewürfel in der Gemüsebrühe im geschlossenen Topf weich garen. Die Sahne in einem kleinen Topf etwas erhitzen und die Butter hinzufügen. Das Gemüse durch ein Sieb abgießen und durch die Kartoffelpresse drücken.

3 Die Sahne-Butter-Mischung unter die Kartoffel-Sellerie-Masse rühren. Mit Salz und Muskatnuss abschmecken und mit dem Selleriegrün garnieren. Schmeckt gut zu kurz gebratenem Fleisch.

Forelle
»Miss Müllerin«

Zutaten (für 2 Portionen)

2 küchenfertige Forellen
Saft von 1 Zitrone
Salz
Mehl zum Wenden
2 EL Butterschmalz
80 g Butter
8 Zitronenscheiben
Pfeffer
2 EL gehackte Petersilie

Zubereitung

1 Die Forellen kalt abspülen und trockentupfen. Mit dem Zitronensaft beträufeln und etwa 15 Minuten ziehen lassen. Anschließend salzen und in Mehl wenden.

2 In einer ausreichend großen Pfanne Butterschmalz und 2 EL Butter erhitzen. Beide Forellen hineinlegen und etwa 10 Minuten bei mittlerer Hitze von jeder Seite braten, dabei häufig mit dem Bratfett begießen. Auf vorgewärmten Tellern anrichten.

3 Die restliche Butter in einem kleinen Topf bräunen, die Zitronenscheiben kurz dazugeben und über die Forellen gießen. Salzen, pfeffern und mit der gehackten Petersilie bestreut servieren. Mit Salzkartoffeln und grünem Salat servieren.

Scholle »Fierekwerder Art«

Zutaten (für 4 Portionen)

200 g Red-Snapper-Filet
4 Schollenfilets (à 100–150 g)
200 g Shrimps (geschält, vorgekocht)
Saft von 1/2 Zitrone
Salz
Mehl
200 g durchwachsener Räucherspeck
1 kleine rote Chilischote
2 Frühlingszwiebeln
2 EL Öl
3 EL Butter
1/2 l Instant-Hühnerbrühe
2 EL trockener Martini
etwas Speisestärke

Zubereitung

1 Das Red-Snapper-Filet in vier Stücke zerteilen. Schollenfilets, Shrimps und Red Snapper waschen, trockentupfen, mit dem Zitronensaft beträufeln und etwas ziehen lassen. Schollenfilets und Red Snapper salzen und leicht mit Mehl bestäuben. Den Speck in feine Würfel schneiden.

2 Die Chilischote entkernen, abspülen und in feine Streifen schneiden. Die Frühlingszwiebeln von Wurzelansatz und welken Blättern befreien, waschen und mit dem Grün in feine Ringe schneiden.

3 Den Speck in einer Pfanne auslassen, herausnehmen und auf Küchenpapier abtropfen lassen. Sollte sehr viel Fett ausgetreten sein, das Fett vorher etwas abgießen.

4 Öl und 1 EL Butter in der Pfanne erhitzen. Schollenfilets und Red Snapper je nach Dicke etwa 3 Minuten von jeder Seite anbraten. Auf eine vorgewärmte Platte geben und warm stellen.

5 In der Pfanne die restliche Butter zerlassen und die Frühlingszwiebelringe mit den Chilistreifen kurz darin andünsten, die Shrimps und den Speck dazugeben. Mit der Hühnerbrühe und dem Martini ablöschen, einköcheln lassen und abschmecken.

6 Sollte die Sauce noch zu flüssig sein, mit etwas Speisestärke binden. Die Fischfilets mit der Sauce begießen und servieren. Dazu schmeckt ein knuspriges Baguette oder Salzkartoffeln.

Quarknockerl
mit Himbeersauce

Zutaten (für 4 Portionen)

Für die Quarknockerl:

500 g Magerquark, 150 g Grieß

4 Eier, 4 EL Zucker

Mark von 1 Vanilleschote

1 TL abgeriebene unbehandelte Zitronenschale

1 Prise Salz

Für die Himbeersauce:

500 g tiefgekühlte Himbeeren

Zucker und Himbeergeist

Zubereitung

1 Für die Quarknockerl alle Zutaten mit einem Handrührgerät verrühren und die Masse 45 Minuten quellen lassen.

2 Einen großen Topf Wasser zum Kochen bringen. Mit zwei Teelöffeln Nockerl von dem Teig abstechen und etwa 15 Minuten im heißen Wasser ziehen lassen. Die Nockerl herausnehmen, gut abtropfen und abkühlen lassen.

3 Für die Himbeersauce die Himbeeren auftauen. In einem kleinen Topf mit dem Pürierstab passieren und je nach Belieben mit Zucker und Himbeergeist abschmecken.

Feine
Vanillesauce

Zutaten (für 4 Portionen)

2 Vanilleschoten

400 g Sahne

3 frische Eigelbe

100 g Zucker

Zubereitung

1 Die Vanilleschoten aufschlitzen und das Mark herauskratzen. Schoten und Mark mit der Sahne in einem Topf erhitzen. Danach die Schoten wieder entfernen.

2 Das Eigelb und den Zucker in einer Metallschüssel mit den Schneebesen des Handrührgeräts cremig schlagen.

3 Die heiße Vanillesahne dazugeben und über einem heißen Wasserbad kräftig rühren, bis die Masse dick wird. Die Masse in eine andere Schüssel füllen und über Eiswasser kalt schlagen. Schmeckt z. B. zu Apfelkücherl (siehe Rezept S. 32), Apple-Cobbler (siehe Rezept S. 62) oder Breadpudding (siehe Rezept S. 65).

Bayerische Creme

Zutaten (für 8 Portionen)

1 Vanilleschote

500 ml Milch

4 frische Eigelbe

150 g Zucker

9 Blätter Gelatine

500 g Sahne

Zubereitung

1 Die Vanilleschote längs aufschlitzen. Das Mark herauskratzen und zusammen mit der Schote zu der Milch geben. Die Milch erhitzen und etwa 10 Minuten ohne Deckel leicht köcheln lassen.

2 Die Vanilleschote herausnehmen und die Milch kurz abkühlen lassen. Eigelb mit Zucker in einer größeren Schüssel gut verrühren. Ganz langsam die heiße Milch dazugießen.

3 Die Gelatineblätter 5 Minuten in kaltem Wasser einweichen, gut ausdrücken und zu der Milch-Ei-Masse rühren, damit sie sich auflösen. Die Masse über Eiswasser kalt rühren.

4 Die Sahne steif schlagen. Wenn die Masse zu gelieren beginnt, die Sahne unterheben. Über Nacht im Kühlschrank fest werden lassen. Dazu schmeckt Obstkompott, z. B. aus Erdbeeren.

I like to be in America

Amerika ist längst meine zweite Heimat geworden. Wenn ich nicht gerade vor der Kamera stehe, bin ich am liebsten in unserem Haus in Arizona. Der nächste Foodstore liegt natürlich nicht gleich ums Eck. Also rauf auf die Harley und zum Einkaufen ein paar Meilen durch die Wüste fahren! Ich liebe die karge Landschaft und den trockenen, warmen Wind. In Arizona koche ich wie die Einheimischen: Steaks, Bohnen und Tex-Mex ...

Avocado-Shrimps-Sandwich

Zutaten (für 2 Sandwiches)

1/2 reife Avocado

2 EL saure Sahne

2 EL Limettensaft

Salz, 1 Prise Cayennepfeffer

schwarzer Pfeffer

150 g Shrimps (geschält, vorgegart)

4 Scheiben Weißbrot

8 dünne Scheiben Salatgurke

1 EL Schnittlauchröllchen

Zubereitung

1 Die Avocadohälfte mit einem Löffel aushöhlen, das Fruchtfleisch mit einer Gabel zerdrücken. Die saure Sahne und den Limettensaft dazumischen. Mit etwas Salz, Cayennepfeffer und Pfeffer abschmecken.

2 Die Shrimps etwas zerkleinern und unter die Avocadocreme mischen. Die Weißbrotscheiben mit der Creme bestreichen.

3 Die Gurkenscheiben und die Schnittlauchröllchen darauf verteilen und die Sandwiches zusammenklappen.

Thunfisch-Sandwich

Zutaten (für 2 Sandwiches)

1 kleine Zwiebel

1 Strauchtomate

1 Dose Thunfisch

4 Scheiben Weißbrot

3 EL selbst gemachte Mayonnaise

(siehe Rezept S. 99)

2 Salatblätter

Salz, Pfeffer

Zubereitung

1 Die Zwiebel schälen und in feine Ringe schneiden. Bei der Tomate den Strunk entfernen und in Scheiben schneiden. Thunfisch in einem Sieb abtropfen lassen.

2 Die Weißbrotscheiben mit der Mayonnaise bestreichen. Salatblätter, Thunfisch, Zwiebel und Tomatenscheiben darauf geben. Salzen, pfeffern und die Sandwiches zusammenklappen.

Buffalo-Burger

Zutaten (für 2 Portionen)

1 kleine Zwiebel
1 Knoblauchzehe
300 g Rinderhackfleisch
(original mit Büffelhackfleisch)
1 TL Salz, Pfeffer
1 Ei
1 EL Butterschmalz
2 Hamburger-Brötchen
Für den Belag:
Senf, 4 Blätter Eisbergsalat
einige Scheiben Gewürzgurken
4 Tomatenscheiben
scharfes Ketchup

Zubereitung

1 Die Zwiebel schälen und fein hacken. Den Knoblauch schälen. Das Rinderhackfleisch mit der fein gehackten Zwiebel, dem durchgepressten Knoblauch, Salz, Pfeffer und dem Ei zu einem Fleischteig vermengen.

2 Das Butterschmalz in einer Pfanne erhitzen. Aus dem Fleischteig zwei flache Frikadellen formen und im Butterschmalz bei mittlerer Hitze etwa 3 Minuten rundum anbraten. Dann etwa 10 Minuten auf niedriger Stufe garen.

3 Die Hamburger-Brötchen auseinander schneiden und kurz im Backofen oder Toaster erhitzen.

4 Die Frikadellen mit etwas Senf bestreichen und auf die Hamburger-Brötchen legen. Mit den restlichen Zutaten belegen und etwas Ketchup darauf geben.

Caesar Salad

Zutaten (für 4 Portionen)

4 Scheiben Weißbrot
2 Knoblauchzehen
10 EL Olivenöl
1 Kopf Romanasalat
1 hart gekochtes Ei
2 TL Senf
2 EL Worcestersauce
etwa 3 EL Zitronensaft
Salz, Pfeffer, Zucker
60 g frisch geriebener Parmesan

Zubereitung

1 Das Weißbrot toasten und in mundgerechte Stücke schneiden. Den Knoblauch schälen. Eine Pfanne mit einer halbierten Knoblauchzehe ausreiben, 2 EL Olivenöl hineingeben und die Weißbrotwürfel darin noch etwas anbräunen.

2 Den Salat putzen, waschen und trockenschütteln. In Streifen schneiden und auf vier Tellern anrichten. Das Ei schälen und sehr fein hacken.

3 Für das Dressing den Senf, 8 EL Olivenöl, die Worcestersauce, 4 EL Wasser und den Zitronensaft verrühren. Das klein geschnittene Ei und die zweite durchgepresste Knoblauchzehe dazugeben.

4 Mit Salz, Pfeffer und 1 Prise Zucker abschmecken. Die Sauce über den Salat geben und alles gut vermengen. Die krossen Weißbrotwürfel und den frisch geriebenen Parmesan darüber geben.

Guacamole mit Crème fraîche

Zutaten (für 4 Portionen)

1 große reife Avocado

2 EL Crème fraîche

2 EL Zitronen- oder Limettensaft

1 Knoblauchzehe

Salz, Pfeffer

Cayennepfeffer

Zubereitung

1 Die Avocado einmal längs teilen und den Kern entfernen. Beide Hälften mit einem Löffel aushöhlen, das Fruchtfleisch pürieren und mit der Crème fraîche und dem Zitronen- bzw. Limettensaft verrühren.

2 Den Knoblauch schälen und dazupressen. Das Püree mit Salz, Pfeffer und Cayennepfeffer abschmecken.

Variante

1 Tomate kreuzweise einritzen und mit heißem Wasser überbrühen, dann häuten, entkernen und in kleine Würfel schneiden. 1 Frühlingszwiebel von Wurzelansatz und welken Blättern befreien, waschen und in feine Ringe schneiden. Tomatenwürfel und Zwiebelringe mit 1 Prise Kreuzkümmel zu der Guacamole geben.

Baked Potatoes

Zutaten (für 4 Portionen)

8 mittelgroße Kartoffeln
125 ml Salzwasser
(dafür 1 EL Meersalz in
125 ml Wasser auflösen)

Zubereitung

1 Den Backofen auf 180 °C vorheizen. Die Kartoffeln waschen und gründlich säubern. Jede Kartoffel mit einer Gabel drei- bis viermal ringsherum einstechen.

2 Die ungeschälten Kartoffeln auf das Backblech setzen. Etwa 1 Stunde backen, dabei nach ca. 45 Minuten die Kartoffeln zwei- bis dreimal mit dem Salzwasser bestreichen (die Backzeit variiert je nach Größe der Kartoffeln zwischen 1 und 1 1/2 Stunden).

3 Kurz vor Ende der Backzeit noch 5–10 Minuten den Grill dazuschalten, damit die Kartoffeln außen knusprig braun sind und die Schale sich etwas hebt.

Mein Tipp!

Die Baked Potatoes schmecken sehr gut zum spanischen Kaninchen (siehe Rezept S. 84) oder einfach nur mit Butter.

Farmer Potatoes

Zutaten (für 4 Portionen)

etwa 20 kleine Kartoffeln
Fett zum Frittieren
Salz

Zubereitung

1 Die Kartoffeln gründlich waschen und abtrocknen, dann nicht schälen, sondern mit Schale vierteln.

2 Die Kartoffelviertel in heißem Fett in einer Pfanne goldbraun frittieren. Mit Salz bestreut servieren.

Barbecued Shrimps

Zutaten (für 4 Portionen)

8 Knoblauchzehen

1 Zwiebel, 1 Selleriestange

250 ml Olivenöl

6 Lorbeerblätter

1 TL Thymian, 25 g Butter

125 ml Sherry

8 Riesengarnelen (ungeschält, roh)

2 EL gehackte Petersilie

Salz, Pfeffer

Zubereitung

1 Die Knoblauchzehen schälen und fein hacken. Die Zwiebel schälen und fein würfeln. Die Selleriestange waschen und klein schneiden.

2 Das Olivenöl in einem Bräter erhitzen und alle Zutaten – bis auf die Garnelen – darin andünsten. Dann die ungeschälten Riesengarnelen hinzufügen, etwa 10–15 Minuten kochen lassen. Dabei öfters umrühren. Die Garnelen mit der Petersilie garniert servieren. Zum Schluss salzen und pfeffern. Mit Baguette servieren.

Fried Chillies

Zutaten (für 3–4 Portionen)

ca. 10 mild eingelegte Chilischoten
200 g Frischkäse
1 Knoblauchzehe
1 TL Paprikapulver (mild)
1 Ei, Mehl
Semmelbrösel
Fett zum Frittieren

Zubereitung

1 Die Chilischoten vom Stielansatz befreien und die Kerne mit einem kleinen Küchenmesser herauslösen, waschen. Den Frischkäse mit der durchgepressten Knoblauchzehe und dem Paprikapulver verrühren. Die Mischung mit einem Löffel in die Chilischoten füllen.

2 Das Ei verquirlen. Die Chilischoten zuerst in Mehl, dann in Ei und zuletzt in den Semmelbröseln wenden. Das Fett erhitzen und die Schoten darin je etwa 1 Minute goldbraun frittieren.

Mozzarella-Sticks with Red Salsa

Zutaten (für 4 Portionen)

Für die Mozzarella-Sticks:
1 Ei
2 Kugeln Mozzarella
Mehl, Semmelbrösel
Fett zum Frittieren
Für die Red Salsa:
2 rote Chilischoten
2 Knoblauchzehen, 1 Zwiebel
400 g geschälte Tomaten (aus der Dose)
2 EL Olivenöl
Salz, Pfeffer
1 Prise Kreuzkümmel, 1 TL Zucker

Zubereitung

1 Das Ei mit einer Gabel verrühren. Den Mozzarella in etwa 1 1/2 cm dicke Scheiben, dann in Sticks – wie etwas dickere Pommes frites – schneiden. In jeden Stick einen Zahnstocher stecken.

2 Die Sticks zuerst in Mehl, dann in dem Ei und zum Schluss in den Semmelbröseln wenden. In heißem Fett goldbraun frittieren, jedoch nicht länger als 1 Minute, sonst läuft der Käse aus.

3 Für die Salsa die Chilischoten vom Stielansatz befreien, entkernen, waschen und grob zerkleinern. Knoblauchzehen und Zwiebel schälen und ebenfalls grob zerteilen.

4 Tomaten, Olivenöl, Zwiebeln, Knoblauch und Chili in einen Mixbecher geben und gut pürieren. In einen Topf geben und etwa 20 Minuten offen köcheln lassen. Dann abkühlen lassen und mit Salz, Pfeffer, Kreuzkümmel und Zucker abschmecken. Die Sticks mit der Salsa servieren.

Chili con carne

Zutaten (für 4 Portionen)

2 Zwiebeln, 2–4 Knoblauchzehen
1 Möhre
480 g geschälte Tomaten (aus der Dose)
2 rote Chilischoten, 4 EL Olivenöl
750 g Rinderhackfleisch
2 EL Tomatenmark
ca. 300 ml Instant-Rinderbrühe
1 Lorbeerblatt, 2 TL Oregano
1 TL Kreuzkümmel
400 g Kidney-Bohnen (aus der Dose)
Salz, Pfeffer, Cayennepfeffer

Zubereitung

1 Die Zwiebeln schälen und fein hacken. Die Knoblauchzehen ebenfalls schälen und in Scheibchen schneiden. Die Möhre schälen und fein würfeln. Die Tomaten grob zerkleinern, den Saft auffangen. Die Chilischoten vom Stiel befreien, entkernen, waschen und in feine Streifen schneiden.

2 Das Olivenöl in einem Topf erhitzen und das Rinderhackfleisch mit den Zwiebeln und den Knoblauchzehen darin anbraten. Die Möhrenwürfel und das Tomatenmark dazugeben und kurz mitbraten.

3 Alles mit der Rinderbrühe ablöschen, die Tomaten mit dem Saft, die Chilistreifen und die Gewürze dazugeben. Den Eintopf mit geschlossenem Deckel auf kleiner Flamme 30–40 Minuten schmoren lassen.

4 Die Kidney-Bohnen dazugeben und weitere 15 Minuten im offenen Topf bei kleiner Flamme ziehen lassen. Dabei gelegentlich umrühren. Eventuell noch etwas Rinderbrühe nachgießen. Zum Schluss mit Salz, Pfeffer und Cayennepfeffer abschmecken.

Mein Tipp!

Sehr gut schmeckt das Chili con carne auch mit Lammhackfleisch anstelle von Rinderhackfleisch. Würzen Sie dann zusätzlich noch mit je 1 TL Thymian und Rosmarin.

Creole Gumbo

Zutaten (für 4–6 Portionen)

1 große Zwiebel
3 Knoblauchzehen
250 g geräucherte Wurst (z.B. Andouille)
250 g scharfe Wurst (z.B. Peperoniwurst)
3 EL Olivenöl, 50 g Butter
2 TL Mehl, 1 TL gehackte Petersilie
2 EL Austernsauce
2 TL kreolische Würzmischung (siehe Rezept unten)
500 g Shrimps (geschält, vorgegart)
Salz, Pfeffer

Zubereitung

1 Die Zwiebel und den Knoblauch schälen und fein hacken. Die Würste in Scheiben schneiden. In einer Pfanne das Olivenöl erhitzen und die Wurstscheiben darin anbraten. Danach die Wurstscheiben in einen großen Topf geben.

2 Die Butter in der Pfanne zerlassen und die Zwiebeln darin hellbraun anschwitzen. Mehl und Knoblauch dazugeben, braun anrösten und ebenfalls zu der Wurst in den Topf geben.

3 Petersilie, Austernsauce und Würzmischung ebenfalls in den Topf geben und so viel Wasser auffüllen, dass alles leicht bedeckt ist. Etwa 2 Stunden köcheln lassen, dabei ab und zu umrühren und eventuell nochmals Wasser nachfüllen. Kurz vor Ende der Garzeit die Shrimps dazugeben. Mit der Würzmischung, Salz und Pfeffer nochmals abschmecken.

Kreolische Würzmischung

Zutaten

8 TL grobes Salz
8 TL Paprikapulver (mild)
2 getrocknete Chilischoten
4 TL Knoblauchpulver
15 schwarze Pfefferkörner
4 TL Oregano, 4 TL Thymian
1 TL Kreuzkümmel

Zubereitung

Alle Zutaten in einen Mörser geben und zermahlen. Als Würzmischung für Grillfleisch mit Öl vermischen und das Fleisch damit einreiben. Oder als Gewürz für Eintöpfe verwenden.

Stewed Red Beans

Zutaten (für 4 Portionen)

200 g getrocknete rote (Kidney-)Bohnen
1 Tomate
2 Zwiebeln
2 Knoblauchzehen
1 kleine rote Chilischote
1 Kartoffel, 1 Möhre
1 Stück Knollensellerie
2 Debreziner (oder ähnliche luftgetrocknete Wurst)
2 Zweige Koriander
etwas Olivenöl
100 g gewürfelter Frühstücksspeck
2 TL Instant-Gemüsebrühepulver
1/2 TL gemahlener Kreuzkümmel
Salz, Pfeffer

Zubereitung

1 Die Bohnen über Nacht in Wasser einweichen. Die Tomate kreuzweise einritzen und mit heißem Wasser überbrühen, dann häuten, entkernen und würfeln. Die Zwiebeln und den Knoblauch schälen und fein hacken. Die Chili vom Stielansatz befreien, entkernen, waschen und in feine Ringe schneiden.

2 Die Kartoffel, die Möhre und den Sellerie schälen und in kleine Würfel schneiden. Die Wurst in kleine Stücke schneiden. Koriander waschen, trockenschütteln und die Blätter abzupfen.

3 Etwas Olivenöl in einem Topf erhitzen und darin den Speck, die Zwiebeln und den Knoblauch glasig dünsten. Kartoffel-, Möhren- und Selleriewürfel dazugeben und unter Rühren ca. 5 Minuten schmoren. Die Tomatenwürfel und die abgetropften Bohnen dazugeben.

4 Mit der Instantbrühe und Kreuzkümmel bestreuen. Mit Wasser auffüllen, sodass der Eintopf knapp bedeckt ist. 1 Stunde köcheln lassen, dabei hin und wieder umrühren. Die Chiliringe und die Wurst dazugeben, weitere 30 Minuten köcheln lassen. Eventuell nochmals Wasser hinzufügen. Zum Schluss mit Salz und Pfeffer abschmecken und mit Koriander bestreuen.

Fierek's Jambalaya

Zutaten (für 4 Portionen)

2 Hähnchenbrustfilets
(à etwa 200 g; ohne Haut)
2 Selleriestangen
je 1 grüne und rote Paprikaschote
1 rote Chilischote
500 g Tomaten, 2 Zwiebeln
3 Knoblauchzehen
100 g Frühlingszwiebeln
225 g mittelgroße Garnelen
(ungeschält, roh)

75 g stark geräucherter Schinken
200 g Wurst
(z.B. Andouille oder Cabanossi)
Salz, schwarzer Pfeffer
1 TL getrockneter Thymian
1 TL kreolische Würzmischung
(siehe Rezept S. 55)
Pflanzenöl zum Braten
200 g Tomatensauce (aus dem Glas)
250 g Geflügelfond
500 g frisch gekochter Reis

Zubereitung

1 Die Hähnchenbrustfilets in $1\frac{1}{2}$ cm große Würfel schneiden. Die Selleriestangen putzen und klein schneiden. Die Paprikaschoten halbieren, entkernen, waschen und klein würfeln. Die Chilischote vom Stielansatz befreien, entkernen, waschen und klein würfeln.

2 Die Tomaten kreuzweise einritzen und mit heißem Wasser überbrühen, häuten, entkernen und fein würfeln. Die Zwiebeln und den Knoblauch schälen und fein hacken. Die Frühlingszwiebeln von Wurzelansatz und welken Blättern befreien, waschen und klein schneiden.

3 Die Garnelen aus dem Panzer lösen und die Därme auf der Rückseite entfernen. Den Schinken in Stücke und die Wurst in Scheiben schneiden. In einer Schüssel 1 gestrichenen TL Salz, $\frac{1}{2}$ TL schwarzen Pfeffer, 1 TL Thymian und 1 TL kreolische Würzmischung vermischen und die Hähnchenwürfel darin wenden.

4 In einem Schmortopf 2–3 EL Öl erhitzen und das Fleisch darin in 6–8 Minuten goldbraun anbraten. Dann Sellerie, Zwiebeln und Knoblauch dazugeben und 5 Minuten dünsten. Schinken, Wurst, Tomaten, Paprikawürfel, Chili, die Tomatensauce und den Geflügelfond dazugeben und alles aufkochen lassen.

5 Die Hitze reduzieren und das Jambalaya köcheln lassen, bis die Tomaten zerfallen sind. Garnelen unterrühren und 2–3 Minuten ziehen lassen. Pikant abschmecken und etwa so viel von dem gekochten Reis zugeben, dass der Eintopf weder zu trocken noch zu feucht ist. Die Frühlingszwiebeln untermischen und das Jambalaya servieren.

Tacos with
Beef and Beans

Zutaten (für 4 Portionen)

3 Zwiebeln
1 Stange Lauch
je 1 rote und grüne Paprikaschote
400 g geschälte Tomaten (aus der Dose)
1 rote Chilischote
1 Knoblauchzehe
400 g Kidney-Bohnen (aus der Dose)
4 Tacoschalen
2 EL Olivenöl
400 g Rinderhackfleisch
Salz
2 EL Chili-Würzmischung
schwarzer Pfeffer
4 EL saure Sahne

Zubereitung

1 Den Backofen auf 180 °C vorheizen. Die Zwiebeln schälen, halbieren und in Ringe schneiden. Den Lauch von Wurzelansatz und welken Blättern befreien, längs durchschneiden, waschen und in Ringe schneiden.

2 Die Paprikaschoten halbieren, entkernen, waschen und würfeln. Die Tomaten klein schneiden. Die Chili vom Stielansatz befreien, entkernen, waschen und in Ringe schneiden. Den Knoblauch schälen und fein schneiden. Die Bohnen in ein Sieb geben und abspülen.

3 Die Tacoschalen mit der offenen Seite nach unten auf ein Backblech setzen und etwa 5 Minuten aufbacken.

4 Das Olivenöl in einem Topf erhitzen und das Fleisch darin rundherum anbraten. Zwiebeln, Lauch, Chili, Knoblauch und Paprikawürfel dazugeben und kurz andünsten.

5 Tomaten und Bohnen dazugeben, mit Salz, Chili-Würzmischung und Pfeffer würzen. 15 Minuten garen. Den fertigen Eintopf in die aufgebackenen Tacoschalen füllen. Mit je 1 Klecks saurer Sahne garnieren.

Thanksgiving-Turkey

Zutaten (für 8–10 Portionen)

1 küchenfertiger Truthahn (ca. 8 kg)
Salz, Pfeffer
Butterschmalz

Für die Füllung:
3 Scheiben Roggenbrot
3 Scheiben Toastbrot
1 Zwiebel
100 g Butter
400 ml Geflügelfond
4 Selleriestangen
1 Bund Petersilie
2 Zweige Thymian
1 Ei
600 g Bratwurstmett
Salz, Pfeffer

Zubereitung

1 Für die Füllung das Brot in Würfel schneiden und in eine Schüssel geben. Die Zwiebel klein schneiden und in Butter andünsten. Die Hälfte des Geflügelfonds zu den Zwiebeln geben, aufkochen und über das Brot gießen.

2 Den Sellerie schälen, putzen und in kleine Würfel schneiden. Die Kräuter waschen, trockenschütteln und hacken. Sellerie, Kräuter, Ei, Bratwurstmett, Salz und Pfeffer zur Brotmasse geben und alles gut vermengen.

3 Backofen auf 180 °C vorheizen. Den Truthahn waschen, trockentupfen, füllen und zunähen. Den Truthahn pfeffern und salzen und die Keulen fest zusammenbinden. Etwas Butterschmalz in einem Bräter erwärmen und den Truthahn mit der Brustseite nach unten in den Bräter legen. Die restlichen 200 ml Geflügelfond angießen.

4 Den Truthahn in den Backofen schieben und zuerst etwa 3 1/2 Stunden braten. Dabei alle 20 Minuten mit dem Bratensaft aus dem Bräter übergießen. Nach 3 1/2 Stunden die Temperatur auf 130 °C reduzieren und 45 Minuten weiterbraten.

5 Den Truthahn mit Alufolie abdecken, sobald er eine schöne braune Farbe angenommen hat. Herausnehmen und mit Alufolie bedeckt noch etwa 20 Minuten ruhen lassen. Servieren und am Tisch aufschneiden. Dazu isst man traditionell Süßkartoffeln und Rosenkohl.

Blackened Red Fish

Zutaten (für 2 Portionen)

2 Red-Snapper-Filets
(à etwa 200 g; mit Haut)
75 g zerlassene Butter
kreolische Würzmischung
(siehe Rezept S. 55)

Zubereitung

1 Die Fischfilets in der zerlassenen Butter wenden und mit der Würzmischung bestreuen. Die übrige Butter auf zwei vorgewärmte Teller verteilen und warm halten.

2 Eine gusseiserne Pfanne sehr hoch erhitzen. Den Fisch von beiden Seiten je 2–3 Minuten sehr scharf anbraten, bis er dunkelbraun ist. Auf die Teller legen und mit Baguette servieren.

Northatlantic Salmon with Apple

Zutaten (für 4 Portionen)

4 Lachsfilets (à etwa 200 g)
Saft von 1 Zitrone
Salz
1 rote Chilischote
8 Apfelscheiben
1 EL Butter
1 EL Butterschmalz

Zubereitung

1 Die Lachsfilets abwaschen, trockentupfen und mit dem Zitronensaft beträufeln. Etwas ziehen lassen und salzen. Die Chilischote vom Stielansatz befreien, entkernen, waschen und in feine Streifen schneiden.

2 In einer Pfanne die Apfelscheiben und Chili in der Butter etwa 2 Minuten andünsten und herausnehmen. Das Butterschmalz in die Pfanne geben, erhitzen und den Lachs darin etwa 2–3 Minuten von jeder Seite goldbraun anbraten. Die Apfelscheiben hinzugeben und noch etwa 1 Minute dünsten. Dazu schmecken Salzkartoffeln.

Crab »Cayenne Style«

Zutaten (für 4 Portionen)

2 Knoblauchzehen

1 Zwiebel

1 rote Paprikaschote

2 Selleriestangen

480 g geschälte Tomaten (aus der Dose)

ca. 1 kg Fleisch von Flusskrebsen (vorgegart, in Lake)

Zitronensaft, Salz

4 EL Olivenöl

2 milde grüne Chilischoten

1 EL Ahornsirup

Pfeffer, 1/2 TL Cayennepfeffer

1/2 TL Ingwerpulver

Zubereitung

1 Den Knoblauch und die Zwiebel schälen und fein hacken. Die Paprika halbieren, entkernen, waschen und in Streifen schneiden. Die Selleriestangen waschen und klein schneiden. Die Tomaten grob zerteilen, den Saft auffangen. Das Krebsfleisch mit etwas Zitronensaft beträufeln und leicht salzen.

2 In einem Topf 2 EL Olivenöl erhitzen und darin Zwiebeln, Knoblauch, Paprikastreifen, die ganzen Chilischoten und die Selleriestücke anschwitzen. Die Tomaten mit dem Saft dazugeben und alles 15 Minuten köcheln lassen. Mit Ahornsirup, Salz, Pfeffer, Cayennepfeffer und Ingwerpulver abschmecken.

3 Die restlichen 2 EL Olivenöl erhitzen und das Krebsfleisch darin goldbraun braten. Das Krebsfleisch mit der Tomatensauce und roten Kartoffeln oder Reis servieren.

Apple-
Cobbler

Zutaten (für eine Backform von 26 cm Durchmesser)

Für den Teig:

375 g Mehl

4 gestr. TL Backpulver

75 g Zucker

1 Päckchen Vanillezucker, 1 Ei

5 EL Milch, 150 g kalte Butter

etwa 25 g flüssige Butter

mit Zimt und Zucker

Mehl für die Arbeitsfläche

Für die Apfelfüllung:

1 kg Äpfel

3 EL Zitronensaft

100 g Zucker

100 g Rosinen

100 g gehackte Mandeln

oder Walnüsse

2 TL Zimt

Mein Tipp!

Der Apple-Cobbler schmeckt gut mit Sahne oder Vanilleeis.

Zubereitung

1 Mehl und Backpulver mischen und auf ein Backbrett sieben. In der Mitte eine Vertiefung eindrücken. Zucker, Vanillezucker, Ei und Milch hineingeben. Mit einem Teil des Mehls zu einem dicken Brei verarbeiten. Darauf die in Stücke geschnittene, kalte Butter geben und diese mit Mehl bedecken.

2 Alle Zutaten mit den Händen oder den Knethaken des Handrührgeräts zu einem glatten Teig verarbeiten. Wenn der Teig klebt, muss noch etwas Mehl dazugegeben werden. Aus dem Teig zwei Kugeln formen, eine davon etwas größer für den Boden der Backform, und jeweils auf einer bemehlten Fläche dünn und kreisrund ausrollen.

3 Die Äpfel waschen, schälen, entkernen und in Spalten schneiden. Den Backofen auf 190 °C vorheizen. Äpfel mit dem Zitronensaft und 2 EL Zucker andünsten. Die Rosinen und die Mandeln (oder Walnüsse) dazugeben. Etwas abkühlen lassen und mit dem restlichen Zucker und dem Zimt vermischen.

4 Die größere Teigplatte auf den Boden der Backform geben und den Teigrand etwas hochziehen. Mit einer Gabel den Teig mehrmals einstechen. Die Apfelmischung einfüllen, die zweite Teigplatte darauf legen und ebenfalls mit einer Gabel einstechen.

5 Den Apple-Cobbler etwa 30 Minuten backen. Etwa 5 Minuten vor Ende der Backzeit mit der flüssigen Zimt-Zucker-Butter bestreichen.

Day-and-Night-Cake

Zutaten (für 2 Backbleche)

Für den Teig:

300 g Magerquark, 140 ml Milch

100 ml Öl, 125 g Zucker

1 Prise Salz

2 Päckchen Vanillezucker

600 g Mehl

1 Päckchen Backpulver

Butter und Mehl für die Backbleche

Für die »Day«-Füllung:

3 Eier, 250 g Magerquark

75 g Crème fraîche, 75 g Zucker

1 Päckchen Vanillezucker

20 g Vanillepuddingpulver

1 Prise Salz

Für die »Night«-Füllung:

375 ml Milch, 100 g Zucker

200 g gemahlener Mohn, 3 Eigelb

4 EL Rosinen

Für die Streusel:

600 g Weizenmehl

300 g Zucker

1 TL Zimt

2 Päckchen Vanillezucker

300 g kalte Butter

Zubereitung

1 Für den Teig den Quark gut auspressen und durch ein Sieb streichen. Mit Milch, Öl, Zucker, Salz und Vanillezucker verrühren. Mehl mit Backpulver mischen, die Hälfte davon zur Quarkmasse sieben und unterrühren. Zum Schluss das restliche Mehl dazusieben und den Teig gut verkneten.

2 Für die »Day«-Füllung die Eier trennen. Den Magerquark mit Crème fraîche, Zucker und Vanillezucker glatt rühren. Eigelb und Puddingpulver unterrühren. Das Eiweiß mit dem Salz steif schlagen und mit einem Teigschaber unter die Quarkcreme heben.

3 Für die »Night«-Füllung die Milch mit dem Zucker aufkochen und den Mohn einstreuen. Kurz aufwallen lassen, bis die Mohnmasse dicklich wird. Vom Herd nehmen, Eigelb und Rosinen unter die Masse rühren und erkalten lassen.

4 Für die Streusel das gesiebte Mehl mit Zucker, Zimt und Vanillezucker mischen und die Butter in Stückchen dazugeben. Alles mit den Händen zerbröseln. Den Backofen auf 180 °C vorheizen.

5 Zum Schluss je die Hälfte des Teigs auf einem gefetteten und bemehlten Backblech ausrollen. Je ein Blech mit der »Day«- und eines mit der »Night«-Füllung bestreichen, die Streusel darüber verteilen. 20–30 Minuten backen.

Strawberry-Vanilla-Shake

Zutaten (für 2 Portionen)

250 g reife kleine Erdbeeren
1 Päckchen Vanillezucker
3 Kugeln Vanilleeis
200 ml Milch

Zubereitung

Die Erdbeeren gründlich waschen und den Stiel entfernen. Die Erdbeeren mit dem Vanillezucker, dem Eis und der Milch in den Mixbecher der Küchenmaschine geben und kräftig pürieren. In hohe Gläser füllen.

Coconut-Pineapple-Shake

Zutaten (für 2 Portionen)

200 ml Ananassaft
100 ml Kokosmilch
100 g Sahne
2 Kugeln Vanilleeis

Zubereitung

Alle Zutaten in den Mixbecher geben, kräftig pürieren und in hohe Gläser füllen.

Banana-Chocolate-Shake

Zutaten (für 2 Portionen)

2 reife kleine Bananen
3 Kugeln Schokoladeneis
250 ml Milch
2 TL Schokostreusel

Zubereitung

Zutaten in den Mixbecher geben, kräftig mixen und in hohe Gläser füllen. Mit Schokostreuseln garnieren.

Breadpudding with Whiskeysauce

Zutaten (für eine Kastenform von etwa 25 cm Länge)

Für den Breadpudding:

500 g Weißbrot- und Kuchenreste (Sandkuchen oder Biskuit)

200 ml Milch

200 g Sahne

3 Eier

1 Päckchen Vanillezucker

120 g gehackte Nüsse

8 klein geschnittene getrocknete Datteln

Butter und Semmelbrösel für die Form

Für die Whiskeysauce:

2 frische Eigelbe

100 g Zucker

100 ml Whiskey

50 g Sahne

Zubereitung

1 Die Kuchen- und Brotreste in kleine Stücke schneiden und in eine Schüssel geben. Die Milch, die Sahne, die Eier und den Vanillezucker verquirlen. Diese Mischung über die Kuchen- und Brotreste geben und alles etwa 1 Stunde ziehen lassen, dabei ab und zu umrühren.

2 Den Backofen auf 200 °C vorheizen. Die Nüsse und Datteln unter die Masse geben. Eine kleine Kastenform mit Butter ausfetten, mit den Semmelbröseln ausstreuen und die Masse in die Form geben. Etwa 1 l heißes Wasser in die Fettpfanne des Backofens geben.

3 Die Kastenform in das Wasser stellen und den Breadpudding etwa 40–50 Minuten backen. Auf ein Kuchengitter geben und auskühlen lassen. Der Breadpudding soll noch schön feucht sein.

4 Für die Whiskeysauce Eigelb und Zucker in einer Schüssel schaumig schlagen. In ein heißes Wasserbad setzen und den Whiskey, 5 EL Wasser und die Sahne kräftig einrühren, bis die Masse sehr schaumig ist. Anschließend die Metallschüssel auf eine Schüssel mit Eiswasser setzen und kalt schlagen. Den Breadpudding mit der abgekühlten Sauce servieren.

Cooking all over the world

Ich bin der totale Reisefreak und war schon in vielen Ländern unterwegs. Um die Erinnerung wieder aufzufrischen, koche ich dann zu Hause nach, was mir im Urlaub besonders gut geschmeckt hat: ein Kaninchen aus Spanien oder Hähnchen aus dem Wok. Machen Sie's doch genauso – sorgen Sie für Urlaubsfeeling in der Küche! Buon appetito und an Guad'n!

百年好合

Fischsuppe mit Pernod

Zutaten (für 4 Portionen)

750 g gemischte Fischfilets
(z. B. Scholle, Rotbarsch, Barbe)
12 Riesengarnelen (geschält, roh)
2 Zwiebeln, 4 Knoblauchzehen
1 kleine rote Chilischote
500 g Strauchtomaten, 1 Stange Lauch
2 EL Tomatenmark, 2 EL Olivenöl
1 Schnapsglas Pernod (20 ml)
750 ml Hühnerbrühe
(ersatzweise Geflügelfond)
3 EL Kräuter der Provence
1 TL Thymian, Salz, Pfeffer
etwas glatte Petersilie

Zubereitung

1 Die Fischfilets säubern und in mundgerechte Stücke schneiden. Die Garnelen waschen und den Darm entfernen.

2 Die Zwiebeln und den Knoblauch schälen und fein würfeln. Die Chili der Länge nach aufschlitzen, Stielansatz, Kerne und weiße Innenwände herausscheiden. Die Schote abspülen und in feine Ringe schneiden.

3 Die Tomaten kreuzweise einritzen und mit heißem Wasser überbrühen, dann häuten, entkernen und würfeln. Den Lauch von Wurzelansatz und äußeren Blättern befreien, längs durchschneiden und waschen. Abtropfen lassen und in feine Ringe schneiden.

4 In einem Topf Zwiebeln, Lauch, Tomatenmark, Chili, Tomatenwürfel und Knoblauch in dem Olivenöl anschwitzen und mit dem Pernod ablöschen.

5 Mit Hühnerbrühe auffüllen, die Kräuter dazugeben und etwa 5 Minuten köcheln lassen. Den Fisch dazugeben und weitere 5 Minuten köcheln lassen.

6 Die Garnelen hinzufügen und nochmals 10–15 Minuten garen lassen. Mit Salz, Pfeffer und eventuell noch Pernod abschmecken. Mit einigen Petersilienblättchen garnieren.

Mein Tipp!

Traditionell wird in Frankreich Knoblauchbaguette zur Fischsuppe gegessen.

Quiche lorraine

Zutaten (für 6 Portionen)

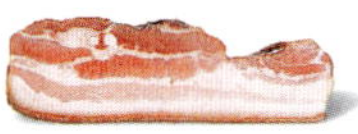

300 g Mehl
1/2 TL Salz, 1 Eigelb
150 g kalte Butter (in Stückchen)
150 g Frühstücksspeck
150 g gekochter Schinken
1 geschälte Zwiebel, 6 Eier
100 g Crème fraîche
1 geschälte Knoblauchzehe
Cayennepfeffer, Pfeffer
2 EL Schnittlauchröllchen
Butter und Semmelbrösel für das Blech
50 g geriebener Emmentaler

Zubereitung

1 Aus Mehl, Salz, Eigelb, kalter Butter und 100 ml Wasser mit den Händen einen geschmeidigen Teig kneten, in Folie einpacken und etwa 2 Stunden kalt stellen.

2 Den Frühstücksspeck, den Schinken und die Zwiebel in kleine Würfel schneiden. Die Eier mit der Crème fraîche gut verrühren, die Knoblauchzehe dazupressen. Mit Cayennepfeffer und Pfeffer würzen und die Schnittlauchröllchen dazugeben. Den Backofen auf 180 °C vorheizen.

3 Den Teig auf einer bemehlten Fläche ausrollen und auf ein gefettetes, mit Semmelbröseln bestreutes Backblech legen.

4 Die Speck-, Schinken- und Zwiebelwürfel darauf geben und mit der Eiermischung bedecken. Den Emmentaler darüber streuen. Etwa 20–25 Minuten backen.

Kartoffelgratin mit Knoblauch

Zutaten (für 2 Portionen)

500 g Kartoffeln
1 Stange Lauch
2 Knoblauchzehen
1 EL Butter
Salz, Pfeffer, Muskatnuss
500 g Sahne
200 g frisch geriebener Käse (z.B. Gruyère)

Zubereitung

1 Den Backofen auf 180 °C vorheizen. Die Kartoffeln waschen, schälen und in ganz dünne Scheiben schneiden. Den Lauch waschen, abtropfen lassen und in schmale Streifen schneiden.

2 Den Knoblauch schälen und fein hacken. Eine feuerfeste Form mit der Butter ausstreichen. Die Kartoffelscheiben und die Lauchringe darin verteilen.

3 Mit dem Knoblauch bestreuen. Salzen, pfeffern und etwas Muskatnuss darüber geben. Die Sahne darüber gießen und das Ganze mit dem Käse bestreuen. In etwa 35–45 Minuten goldbraun backen.

Hähnchenspieße mit Erdnuss-Sauce

Zutaten (für 4 Portionen)

600 g Hähnchenbrustfilet

Öl zum Braten

Für die Marinade:

1 TL Ingwerpulver

1 TL Korianderpulver

1 TL Paprikapulver (scharf)

1/2 TL Zucker

2 TL Sojasauce

150 ml Kokosmilch

Für die Erdnuss-Sauce:

200 ml Kokosmilch

2 EL Zitronen- oder Limettensaft

1 EL flüssiger Honig

4 EL Erdnussbutter

1/2 TL Cayennepfeffer

1 Prise Korianderpulver

etwas Sojasauce zum Abschmecken

Zubereitung

1 Das Hähnchenbrustfilet in Streifen schneiden. Für die Marinade alle Zutaten vermischen und das Hähnchenfleisch darin 1 Stunde im Kühlschrank marinieren.

2 Die Hähnchenstreifen ziehharmonikaartig auf Holzspieße stecken und in einer Pfanne in heißem Öl etwa 1 1/2 Minuten von jeder Seite braten, dann warm halten.

3 Für die Erdnuss-Sauce die Kokosmilch erwärmen und unter ständigem Rühren alle Zutaten nach und nach dazugeben. Etwa 2 Minuten kochen lassen, bis die Sauce eine cremige Konsistenz hat. Mit der Sojasauce abschmecken. Die Hähnchenspieße mit der Erdnuss-Sauce übergießen und servieren.

Grüner Gemüse-Risotto

Zutaten (für 4 Portionen)

200 g Blattspinat
(frisch oder tiefgekühlt)
1 l Gemüsebrühe
250 g grüner Spargel
100 g frische Erbsen
100 g Zuckerschoten
4 Frühlingszwiebeln
Salz
150 g Crème fraîche
2 EL Olivenöl
2 geschälte Knoblauchzehen
250 g Risottoreis
(z. B. Arborio, ersatzweise Milchreis)
500 ml Weißwein
weißer Pfeffer aus der Mühle
Muskatnuss
100 g frisch geriebener Parmesan

Zubereitung

1 Den Spinat waschen und kurz blanchieren. Dann kalt abbrausen, ausdrücken und in einem Topf mit dem Mixstab pürieren. In das Spinatpüree die Gemüsebrühe einrühren und erhitzen.

2 Inzwischen vom Spargel nur das untere Drittel schälen und die Enden unten abschneiden. Die Erbsen waschen. Die Zuckerschoten waschen, die Enden abknipsen, dabei eventuell vorhandene Fäden aus der Naht mitziehen. Die Frühlingszwiebeln von Wurzelansatz und welken Blättern befreien und waschen.

3 Den Spargel in mundgerechte Stücke und die Frühlingszwiebeln in feine Ringe schneiden. Das Gemüse nacheinander in kochendem Salzwasser blanchieren, in ein Sieb abgießen und kalt abbrausen. Das Gemüse in einer Schüssel vermischen und die Crème fraîche dazugeben.

4 Das Öl in einem Topf erhitzen und den Knoblauch dazupressen. Den Reis einstreuen und unter ständigem Rühren glasig dünsten, mit dem Weißwein ablöschen und kurz aufkochen lassen.

5 Nun nach und nach die Spinatbrühe dazugeben, köcheln lassen und öfters umrühren, damit der Reis nicht ansetzt. Nach etwa 20–25 Minuten hat der Risotto die richtige Konsistenz. Der Reis sollte noch Biss haben.

6 Das Gemüse und die Hälfte des Parmesans dazugeben. Den Risotto mit Salz, Pfeffer und Muskatnuss abschmecken. Mit dem restlichen Parmesan bestreut servieren.

Mein Tipp!

Beim Abschmecken mit Salz lieber etwas geizen, da der Parmesan noch Salz enthält.

Champagner-Risotto

Zutaten (für 4 Portionen)

2 Markknochen
1 Zwiebel
1 Petersilienwurzel
2 EL Olivenöl
250 g Risottoreis
(z. B. Arborio, ersatzweise Milchreis)
500 ml warme Hühnerbrühe
(ersatzweise Geflügelfond)
1 Flasche Champagner (700 ml)
75 g frisch geriebener Parmesan
Salz, Pfeffer

Zubereitung

1 Das Mark aus den Knochen kratzen und in einem kleinen Topf auslassen. Dann durch ein Sieb geben und beiseite stellen. Zwiebel und Petersilienwurzel schälen und in sehr feine Würfel schneiden.

2 Das Olivenöl in einem Topf erhitzen und die Gemüsewürfel darin glasig anschwitzen. Den trockenen Reis dazugeben und mit einem Holzlöffel rühren, bis er glasig ist. Nun immer wieder warme Hühnerbrühe hinzufügen und umrühren, bis die Flüssigkeit aufgesogen ist.

3 Wenn die Hühnerbrühe verbraucht ist, nach und nach den Champagner zugießen, dabei ständig rühren. Der Risotto ist nach etwa 30 Minuten gar. Er sollte weich, jedoch nicht matschig sein.

4 Den Topf vom Herd nehmen, das ausgelassene Knochenmark und den Parmesan gut unterrühren. Mit Salz und Pfeffer abschmecken und gleich servieren.

Steinpilz-Risotto

Zutaten (für 4 Portionen)

400 g feste Steinpilze

3 Schalotten

1–1 1/4 l Hühnerbrühe

2 EL Olivenöl

25 g Butter

Salz, Pfeffer

250 g Risottoreis

(z.B. Arborio, ersatzweise Milchreis)

75 g frisch geriebener Parmesan

2 EL gehackte glatte Petersilie

Zubereitung

1 Die Steinpilze säubern (am besten mit einem Pinsel) und in feine Scheiben schneiden. Die Schalotten schälen und sehr fein schneiden. Die Hühnerbrühe erhitzen und warm halten.

2 In einem Topf die Schalotten mit 1 EL Olivenöl und der Butter anschwitzen. Die Pilzscheiben dazugeben und 5 Minuten mitdünsten. Mit Salz und Pfeffer abschmecken und zur Seite stellen.

3 Den Reis in 1 EL Olivenöl glasig andünsten. Die Hitze erhöhen und etwas Hühnerbrühe angießen. Immer wieder rühren und von der Hühnerbrühe nachgießen, bis der Reis weich ist, aber noch etwas Biss hat.

4 Den Parmesan unterrühren, bis er sich gleichmäßig verteilt hat. Die Steinpilze unterheben, den Risotto mit der Petersilie bestreuen und sofort servieren.

Spaghetti mit »Sugo speciale«

Zutaten (für 4 Portionen)

200 g Möhren

100 g Knollensellerie

200 g Zwiebeln

3 Knoblauchzehen

1 Bund Petersilie

10 EL Olivenöl

200 g gewürfelter Frühstücksspeck

400 g Rinderhackfleisch

50 ml Rotwein

10 EL Tomatenmark

400 g Tomaten (aus der Dose)

1/2 TL Thymian

1/2 TL Rosmarin

1/2 TL Salbei

1 TL Oregano

1 TL Zucker

500 g Spaghetti

Salz, Pfeffer

frisch geriebener Parmesan

Zubereitung

1 Die Möhren, den Sellerie und die Zwiebeln schälen und in kleine Würfel schneiden. Den Knoblauch schälen. Die Petersilie von den Stielen zupfen, waschen, trockenschleudern und fein hacken.

2 In einem Topf 7 EL Olivenöl erhitzen und darin Möhren, Sellerie und Zwiebeln unter Rühren anschwitzen. Den Topf vom Herd nehmen. Frühstücksspeck in 1 EL Olivenöl in einer Pfanne auslassen und zum Gemüse geben.

3 Danach in der Pfanne das Hackfleisch in weiteren 2 EL Olivenöl krümelig braten, mit dem Rotwein ablöschen und zum Gemüse und Speck geben. Das Tomatenmark, die Tomaten, die Gewürze und den Zucker dazugeben. Den Knoblauch dazupressen.

4 Der Sugo sollte mindestens 2 Stunden langsam bei kleiner Hitze mit geschlossenem Deckel vor sich hinköcheln. Dabei ab und zu umrühren und gegebenenfalls noch etwas Wasser dazugeben. Grundsätzlich sollte der Sugo aber nicht zu flüssig werden.

5 30 Minuten vor Garzeitende ausreichend Salzwasser in einem großen Topf zum Kochen bringen und die Spaghetti darin »al dente« kochen. Den Sugo mit Salz und Pfeffer abschmecken und die gehackte Petersilie unterheben. Mit Spaghetti und frisch geriebenem Parmesan servieren.

Lasagne mit Leber und Steinpilzen

Zutaten (für 4 Portionen)

1 Packung Lasagneblätter (250 g; ohne Vorkochen)
1 Kugel Mozzarella

Für die Grundsauce:

250 g Putenleber
50 g Frühstücksspeck
1 kleine Zwiebel
150 g Steinpilze
250 g vorgegarte Maronen
1 Knoblauchzehe
4 Salbeiblätter
3 EL Olivenöl
1/2 TL Rosmarin
500 ml Hühnerbrühe
Salz, Pfeffer

Für die Béchamelsauce:

40 g Butter oder Margarine
50 g Mehl
500 ml Milch
50 g frisch geriebener Gouda
50 g frisch geriebener Parmesan
Salz, Pfeffer, Muskatnuss

Zubereitung

1 Für die Sauce die Putenleber in Stückchen schneiden. Den Speck und die geschälte Zwiebel fein würfeln. Die Steinpilze putzen und klein schneiden. Die Maronen in kleine Würfel schneiden.

2 Die Knoblauchzehe schälen. Die Salbeiblätter in feine Streifen schneiden. Den Frühstücksspeck mit den Zwiebeln und den Maronen in dem Olivenöl anschwitzen. Die Knoblauchzehe dazupressen.

3 Die Leber und die Steinpilze dazugeben und kurz mitandünsten. Rosmarin und Salbei dazugeben. Mit der Hühnerbrühe ablöschen und das Ganze noch etwa 3 Minuten köcheln lassen. Mit Salz und Pfeffer abschmecken.

4 Für die Béchamelsauce das Fett in einem Topf erhitzen. Das Mehl hinzufügen und mit einem Schneebesen unter Rühren anschwitzen. Die Milch unter schnellem Rühren hinzufügen, damit sich keine Klümpchen bilden. Unter Rühren aufkochen, vom Herd nehmen und Gouda und Parmesan einrühren. Mit Salz, Pfeffer und Muskatnuss abschmecken.

5 Den Backofen auf 180 °C vorheizen. Den Boden einer möglichst rechteckigen Auflaufform (mit etwa 5 cm hohem Rand) mit Béchamelsauce ausgießen. Die Teiglätter nebeneinander darauf legen, sodass der Boden bedeckt ist.

6 Etwas von der Leber-Pilz-Masse darauf geben und gut verstreichen, sodass die Teigblätter bedeckt sind. Nun mit einem Löffel etwas Béchamelsauce darauf geben, aber nicht verstreichen. Den Vorgang mehrmals wiederholen (je nach Größe der Form etwa dreimal).

7 Zum Schluss eine Lage Lasagneblätter auflegen und die restliche Béchamelsauce darüber streichen. Den Mozzarella in dünne Scheiben schneiden und darauf verteilen. Im Backofen etwa 45–50 Minuten backen.

Coq au Vin

Zutaten (für 4 Portionen)

1 Poularde (ca. 1,5 kg)
6 Knoblauchzehen
12 Schalotten
2 Zwiebeln
1 Petersilienwurzel
4 Möhren
150 g Frühstücksspeck
(oder durchwachsener Räucherspeck)
20 kleine Champignons
4 EL Olivenöl
2–3 EL Mehl
500 ml Rotwein (Burgunder)
2 TL Kräuter der Provence
1 Zweig Rosmarin
1 Zweig Thymian
1 kleiner Zweig Majoran
1 EL Butter
2 TL Zucker, 150 g Sahne
3 EL gehackte glatte Petersilie
Salz, Pfeffer

Zubereitung

1 Die Poularde in acht Stücke teilen. Knoblauchzehen und Schalotten schälen. Zwiebeln und Petersilienwurzel schälen und in kleine Würfel schneiden. Möhren schälen und in Stifte schneiden. Speck würfeln, die Champignons säubern und halbieren.

2 Olivenöl in einem Bräter erhitzen und die Poulardenteile darin von allen Seiten gut anbraten. Den Bräter etwas schräg halten und das überschüssige Fett abschöpfen.

3 Knoblauchzehen, Zwiebel- und Petersilienwurzelwürfel und etwa die Hälfte der Möhrenstifte dazugeben und kräftig anbraten. Das Ganze mit Mehl bestäuben und mit dem Rotwein aufgießen.

4 Die Kräuter der Provence und die Rosmarin-, Thymian- und Majoranzweige dazugeben und alles mit geschlossenem Deckel etwa 20 Minuten bei mittlerer Hitze schmoren lassen.

5 Währenddessen Butter und Zucker in einer Pfanne erhitzen. Darin die Schalotten und die restlichen Möhren kurz anbraten. Etwas Wasser dazugeben und etwa 3 Minuten zugedeckt dünsten. Mit Salz und Pfeffer würzen, herausnehmen und zur Seite stellen.

6 Den Frühstücksspeck in der Pfanne auslassen, die Champignons dazugeben und ca. 3 Minuten anbraten. Herausnehmen und zur Seite stellen. Die Poulardenstücke nach 20 Minuten aus dem Bräter nehmen. Die Rosmarin-, Majoran- und Thymianzweige entfernen.

7 Die Sauce durch ein Sieb in einen Topf passieren, etwas abkühlen lassen, mit der Sahne vermischen und zurück in den Bräter geben. Etwa 5 Minuten bei mittlerer Hitze einköcheln lassen. Mit Salz und Pfeffer abschmecken; nicht zu stark salzen, da später noch die Speckchampignons dazukommen. Die Poulardenteile zurück in den Bräter legen.

8 Die Speckchampignons und das Schalotten-Möhren-Gemüse darüber geben und weitere 15 Minuten bei schwacher Hitze köcheln lassen, ab und zu umrühren.

9 Die Sauce eventuell mit Salz und Pfeffer nachwürzen. Auf Teller geben und mit der Petersilie bestreuen. Dazu frisch aufgebackenes Baguette servieren.

Cashew-Hähnchen

Zutaten (für 2 Portionen)

10 getrocknete Morcheln
400 g Hähnchenbrustfilet
1 gelbe Paprikaschote
2 Frühlingszwiebeln
1 Knoblauchzehe
100 g Zuckerschoten
3 EL Cashewnüsse
4 EL helles Sesamöl
250 ml Kokosmilch
1 TL Currypaste
2 TL brauner Zucker
2 EL helle Sojasauce
Cayennepfeffer
1 EL Austernsauce

Zubereitung

1 Die Morcheln in lauwarmem Wasser ca. 30 Minuten einweichen. Das Hähnchenfleisch in mundgerechte Stücke schneiden. Die Paprikaschote halbieren und entkernen. Die Hälften waschen und in dünne Streifen schneiden.

2 Die Frühlingszwiebeln von Wurzelansatz und welken Blättern befreien, waschen und in dünne Ringe schneiden. Den Knoblauch schälen und in dünne Scheiben schneiden. Die Zuckerschoten waschen, die Enden abknipsen, dabei eventuell vorhandene Fäden aus der Naht mitabziehen. Die Schoten etwa 30 Sekunden blanchieren, dann mit kaltem Wasser abschrecken.

3 Die Cashewnüsse in einer kleinen Pfanne ohne Fett anrösten, beiseite stellen. Das Öl in einem Wok erhitzen, das Hähnchenfleisch dazugeben und kurz anbraten. Die Morcheln abgießen und mit der Paprika, den Zuckerschoten und dem Knoblauch zum Hähnchenfleisch geben. Unter Rühren kurz mitanbraten.

4 Die Kokosmilch, die Currypaste, den braunen Zucker und die Sojasauce dazugeben. Kurz aufkochen, mit dem Cayennepfeffer und der Austernsauce abschmecken. Die Cashewnüsse und die Frühlingszwiebeln darüber streuen. Die Hähnchenpfanne gut durchmischen und servieren.

Schweinefilet à la Fierek

Zutaten (für 4–6 Portionen)

2 Schweinefilets
Salz, Pfeffer
2 Zwiebeln, 3 Knoblauchzehen
2 Tomaten, 2–3 EL Olivenöl
1 1/2 EL Mehl
150 ml Instant-Fleischbrühe
100 ml Weißwein
200 g Sahne

Für die Würzmischung:

je 2 TL Oregano und Thymian
je 1/2 TL Majoran und Fenchelkörner
1 TL schwarze Pfefferkörner

Zubereitung

1 Die Schweinefilets salzen und pfeffern. Für die Würzmischung die Kräuter und den Pfeffer in einen Mörser geben und etwas zerstoßen.

2 Die Zwiebeln und den Knoblauch schälen und fein hacken. Die Tomaten kreuzweise einritzen und mit heißem Wasser überbrühen, dann häuten, entkernen und vierteln.

3 Olivenöl in einem Bräter erhitzen und die Schweinefilets darin rundum anbraten, herausnehmen. Zwiebeln und Knoblauch im verbliebenen Fett kurz anschwitzen. Die Tomatenviertel dazugeben, die Schweinefilets wieder dazulegen und mit dem Mehl bestäuben.

4 Mit der Würzmischung bestreuen. Die Fleischbrühe und den Weißwein angießen, die Flüssigkeit gut einrühren. Im geschlossenen Topf bei schwacher Hitze etwa 30 Minuten köcheln lassen. Die Schweinefilets aus dem Bräter nehmen und warm stellen.

5 Die Sauce durch ein Sieb in einen kleinen Topf passieren, die Sahne dazugeben und die Sauce etwas einkochen lassen. Mit Salz und Pfeffer abschmecken. Das Fleisch quer zur Faser aufschneiden und mit der Sauce überziehen. Dazu Reis oder Salzkartoffeln servieren.

Szegediner Gulasch

Zutaten (für 4 Portionen)

300 g Zwiebeln
1 große Kartoffel
1 Möhre
1 rote Paprikaschote
1 Knoblauchzehe
2 Tomaten
Öl zum Anbraten
1 EL Tomatenmark
1 EL Mehl
250 ml Fleischbrühe
50 ml Portwein
600 g grob gewürfeltes Rindfleisch
Salz, Pfeffer
300 g Sauerkraut

Für die Würzmischung:

1/2 TL Pfefferkörner
1 TL Kümmel
4 Pimentkörner
1 kleine getrocknete Chilischote
2 Wacholderbeeren
1 Prise Zucker

Zubereitung

1 Die Zutaten für die Würzmischung in einen Mörser geben und zerstoßen. Die Zwiebeln und die Kartoffel schälen und würfeln. Die Möhre schälen und in Stifte schneiden.

2 Die Paprika halbieren, entkernen, waschen und in Streifen schneiden. Die Knoblauchzehe schälen. Die Tomaten kreuzweise einritzen und mit heißem Wasser überbrühen, dann häuten, entkernen und klein schneiden.

3 Das Gemüse mit etwas Öl in einem Bräter leicht anbraten. Das Tomatenmark, die Kartoffelwürfel und die durchgepresste Knoblauchzehe dazugeben. Mit dem Mehl bestäuben und dann mit der Fleischbrühe und dem Portwein ablöschen. Die Würzmischung dazugeben und die Hitze reduzieren.

4 Inzwischen in einer Pfanne das Fleisch portionsweise in etwas Öl anbraten, mit Wasser ablöschen und zu dem Gemüse geben. Das Gulasch nun etwa 2 Stunden im geschlossenen Topf schmoren lassen.

5 Das Gulasch mit Salz und Pfeffer abschmecken. Das Sauerkraut dazugeben und noch weitere 15 Minuten mitkochen lassen. Zum Gulasch schmecken Kartoffelknödel oder Salzkartoffeln.

Mein Tipp!

Echt ungarisch wird das Gulasch vor dem Anrichten mit 1 Klecks Sauerrahm und Dillspitzen verfeinert.

Rinderfilet mit Ingwer

Zutaten (für 2 Portionen)

400 g Rinderfilet

5 EL dunkle Sojasauce

1 Bund Frühlingszwiebeln

300 g Möhren

ca. 2 cm frische Ingwerwurzel

50 g Mandelblättchen

3 EL Öl

125 ml Instant-Rinderbrühe

2 EL Reiswein

150 ml Kokosmilch

Salz, Pfeffer

Zubereitung

1 Das Rinderfilet in feine Scheiben schneiden. In der Sojasauce ca. 10 Minuten marinieren, in einem Sieb abtropfen lassen und die Sojasauce auffangen.

2 Die Frühlingszwiebeln von Wurzelansatz und welken Blättern befreien, waschen und in Stücke von etwa 2 cm Länge schneiden. Die Möhren schälen und in dünne Streifen schneiden. Den Ingwer ebenfalls schälen und in feine Scheiben schneiden.

3 Die Mandelblättchen in einer Pfanne ohne Fett etwas anrösten, beiseite stellen. Das Öl im Wok stark erhitzen und das Fleisch 30 Sekunden anbraten, herausnehmen. Möhren, Ingwer und Frühlingszwiebeln unter ständigem Rühren im Wok knackig braten, dann das Fleisch wieder hinzufügen.

4 Die Rinderbrühe, den Reiswein, die Kokosmilch und die aufgefangene Sojasauce hinzufügen, aufkochen lassen und gut vermischen. Die Mandeln darüber streuen. Mit Salz und Pfeffer abschmecken.

Bœuf Stroganoff

Zutaten (für 3–4 Portionen)

600 g Rinderfilet

6 Schalotten

200 g frische Champignons

2 TL Butterschmalz

125 ml Fleischbrühe

1 EL Dijon-Senf

150 g Crème fraîche

Zucker, Salz, schwarzer Pfeffer

Zubereitung

1 Das Rinderfilet wie bei Geschnetzeltem in Streifen scheiden. Die Schalotten schälen, die Champignons putzen und beides in feine Scheiben schneiden.

2 In einer Pfanne 1 TL Butterschmalz erhitzen und die Champignon- und Schalottenscheiben darin etwa 5 Minuten anschwitzen. Die Fleischbrühe, den Dijon-Senf und die Crème fraîche unterrühren, vom Herd nehmen.

3 Das restliche Butterschmalz in einem Topf erhitzen. Die Filetstreifen darin etwa 2–3 Minuten rundum anbraten. Den Inhalt der Pfanne dazugeben, alles gut vermischen und mit Salz, Zucker und Pfeffer abschmecken.

Irish Stew auf meine Art

Zutaten (für 4 Portionen)

750 g mageres Lammfleisch

4 Zwiebeln

750 g Kartoffeln

4 Möhren

1 Chilischote

2 Zweige Thymian

Salz, Pfeffer

1 TL Rosmarin

400 ml Instant-Fleischbrühe

Zubereitung

1 Den Backofen auf 180 °C vorheizen. Lammfleisch in Ragoutstücke zerteilen. Zwiebeln, Kartoffeln und Möhren schälen und alles in Scheiben schneiden.

2 Die Chilischote der Länge nach aufschlitzen, Stielansatz, Kerne und weiße Innenwände herausschneiden. In einen Bräter zuerst die Hälfte der Kartoffeln, Zwiebeln und Möhren einschichten. Jede Schicht leicht salzen und pfeffern sowie etwas Rosmarin und Chili darüber streuen.

3 Darauf das Fleisch und die Thymianzweige geben. Abschließend die restlichen Zwiebeln, Möhren und zum Schluss die Kartoffelscheiben einschichten.

4 Die Fleischbrühe darüber gießen. Den Bräter sehr gut verschließen. Am besten bedeckt man die oberste Schicht mit etwas Alufolie und legt dann erst den Deckel auf. Etwa 2 1/2 Stunden schmoren lassen.

Wok-Lamm in Kokossauce

Zutaten (für 2 Portionen)

300 g Lammfilet
Salz, Pfeffer
4 Frühlingszwiebeln
1 grüne Chilischote
2 rote Paprikaschoten
1 Möhre
100 g Zuckerschoten
4 EL Erdnussöl
150 ml Kokosmilch
1 TL flüssiger Honig
1 TL grüne Currypaste
2 EL Sojasauce

Zubereitung

1 Das Lammfilet in Streifen schneiden, salzen und pfeffern. Die Frühlingszwiebeln von Wurzelansatz und welken Blättern befreien, waschen und in feine Streifen schneiden.

2 Die Chilischote der Länge nach aufschlitzen, Stielansatz, Kerne und weiße Innenwände herausscheiden. Die Schote abspülen und in feine Ringe schneiden.

3 Die Paprikaschoten halbieren, entkernen, waschen und in Rauten schneiden. Die Möhre schälen und in feine Stifte schneiden. Die Zuckerschoten waschen, die Enden abknipsen, dabei eventuell vorhandene Fäden aus der Naht abziehen.

4 2 EL Erdnussöl im Wok erhitzen und die Lammfiletstreifen etwa 1 1/2 Minuten unter Rühren scharf anbraten. Herausnehmen, in eine Schüssel geben und salzen.

5 Die Chili, Paprika und Zwiebeln im Wok etwa 2 Minuten andünsten, herausnehmen und zum Fleisch geben. Den Wok auswischen und nochmals 2 EL Erdnussöl hineingeben.

6 Die Möhren und die Zuckerschoten unter Rühren bissfest garen und zum Fleisch geben. Die Kokosmilch in den Wok geben und erhitzen.

7 Honig, Currypaste und Sojasauce dazugeben und in der Kokosmilch auflösen. Zu einer sämigen Sauce einkochen, Fleisch und Gemüse dazugeben. Eventuell mit etwas Sojasauce abschmecken. Mit Basmatireis servieren.

Kaninchen »Español«

Zutaten (für 6 Portionen)

1 küchenfertiges Kaninchen (in 6 Teile geteilt; mit Kaninchenleber; ersatzweise 6 Kaninchenkeulen)
2 Lorbeerblätter
1 Zweig Thymian
1 Zweig Majoran
1 Zweig Rosmarin
2 Möhren
5 Schalotten
4 Knoblauchzehen
Salz, Pfeffer
Olivenöl
2 EL Mehl

Für die Marinade:

1 kleine getrocknete Chilischote (ersatzweise 1 TL Cayennepfeffer)
1/2 TL schwarze Pfefferkörner
3 Pimentkörner
10 Wacholderbeeren
1/2 TL Kreuzkümmel
1 TL Zucker
1 TL Salz
10 Knoblauchzehen
500 ml trockener spanischer Rotwein
4 EL Olivenöl

Zubereitung

1 Für die Marinade Chili, Pfefferkörner, Piment, Wacholderbeeren, Kreuzkümmel, Zucker und Salz in einem Mörser zerstoßen. Die 10 Knoblauchzehen pellen, hacken und mit dem Wein und dem Olivenöl zu einer Marinade verrühren. Die Würzmischung aus dem Mörser zu der Marinade geben.

2 Das Kaninchen und die Leber in eine Glas- oder Keramikschüssel legen. Die Lorbeerblätter und die Kräuterzweige dazugeben, mit der Marinade übergießen und etwa 12 Stunden im Kühlschrank ziehen lassen. Die Kaninchenteile währen des Marinierens zwei- bis dreimal wenden.

3 Möhren und Schalotten grob zerkleinern. Die 4 Knoblauchzehen schälen. Die Kaninchenteile und die Leber abtropfen lassen und trockentupfen. Die Kaninchenteile salzen und pfeffern. Die Marinade durch ein Sieb seihen.

4 2–3 EL Olivenöl in einem Bräter erhitzen und die Leber darin anbraten. Die Leber herausnehmen und beiseite stellen. Nun die Kaninchenteile in weiteren 2–3 EL Olivenöl von allen Seiten anbraten, Schalotten, Knoblauch und Möhren dazugeben. Mit etwas Marinade ablöschen.

5 Das Fleisch bei kleiner Hitze 35–45 Minuten zugedeckt schmoren lassen. Die Kaninchenteile herausnehmen.
2 EL Mehl in etwas kaltem Wasser gut verrühren, in die Sauce rühren und kurz aufkochen lassen.

6 Die Leber in sehr kleine Stücke schneiden und dazugeben. Mit Salz und Pfeffer abschmecken und die Kaninchenteile wieder dazulegen. Mit Pellkartoffeln oder Baguette servieren.

Kaninchen in Safransauce

Zutaten (für 4 Portionen)

4 Kaninchenkeulen
etwas Mehl
500 g Zwiebeln
3 Knoblauchzehen
2 Möhren
5 EL Olivenöl
Salz, schwarzer Pfeffer
1 EL Tomatenmark
300 ml trockener Weißwein
1 Döschen Safranfäden (0,2 g)
2 Lorbeerblätter
1 Zweig Thymian
300 ml Instant-Fleischbrühe
100 g Crème fraîche

Zubereitung

1 Die Kaninchenkeulen mit Mehl bestäuben. Die Zwiebeln und die Knoblauchzehen schälen und grob zerkleinern. Die Möhren schälen und in Stücke schneiden.

2 Das Olivenöl in einem Bräter erhitzen und die Kaninchenkeulen darin von allen Seiten scharf anbraten. Salzen, pfeffern und herausnehmen. Zwiebeln, Knoblauch, Möhren und Tomatenmark im Bräter anbraten und mit dem Weißwein ablöschen.

3 Den Safran, die Lorbeerblätter und den Thymianzweig dazugeben. Die Kaninchenteile darauf legen und alles mit der Fleischbrühe auffüllen. Zugedeckt etwa 35–40 Minuten schmoren.

4 Vor dem Servieren die Kaninchenteile aus dem Bräter nehmen und warm stellen. Die Sauce durch ein Sieb in einen kleinen Topf passieren und kurz erhitzen. Die Crème fraîche unterrühren und mit Salz und Pfeffer abschmecken. Die Kaninchenkeulen zum Servieren wieder in die Sauce legen.

Kokosfisch
mit Sellerie

Zutaten (für 4 Portionen)

500 g Kabeljaufilet

1 Zitrone

Salz, Pfeffer

2 TL Speisestärke, 1 Zwiebel

2 Selleriestangen

1 Knoblauchzehe, 2 EL Öl

2 TL Tomatenmark

1 EL Sojasauce

2 EL Austernsauce

400 ml Kokoscreme (aus der Dose)

Sojasauce, Cayennepfeffer

Zubereitung

1 Die Fischfilets säubern und in etwa 2 cm große Stücke schneiden. Die Zitrone auspressen. Den Fisch mit Zitronensaft beträufeln, salzen, pfeffern und mit Stärke bestreuen.

2 Die Zwiebel schälen, die Selleriestangen putzen und beides fein würfeln. Den Knoblauch schälen. Den Fisch im Wok in dem heißen Öl rundum anbraten, herausnehmen und zur Seite stellen. Zwiebel- und Selleriewürfel ebenfalls 2 Minuten im Wok anschwitzen.

3 Den Knoblauch dazupressen. Tomatenmark, Soja- und Austernsauce dazugeben. Die Kokoscreme hinzufügen und die Sauce sämig einkochen. Vor dem Servieren die Sauce mit Sojasauce und Cayennepfeffer abschmecken. Den Fisch in den Wok geben und noch etwa 1 Minute in der heißen Sauce ziehen lassen.

Fischfilet mit scharfer Specksauce

Zutaten (für 4 Portionen)

4 Fischfilets (à 150–200 g)
2 EL Limettensaft
Salz
2 EL Öl
1 EL Butter

Für die Sauce:

1 rote Chilischote
1 grüne Chilischote
1 Zwiebel
2 Knoblauchzehen
ca. 1 cm frische Ingwerwurzel
100 g gewürfelter Räucherspeck
1 EL Öl
100 ml Instant-Gemüsebrühe
3 EL helle Sojasauce
1 TL Speisestärke
1 EL Austernsauce
3 EL Limettensaft
2 EL fein gehackter Koriander

Zubereitung

1 Die Fischfilets säubern, mit Limettensaft beträufeln und salzen. In heißem Öl-Butter-Gemisch etwa 1–2 Minuten von jeder Seite anbraten. Auf einer Platte anrichten und im Backofen warm halten.

2 Die Chilis der Länge nach aufschlitzen, Stielansätze, Kerne und weiße Innenwände herausscheiden. Die Schoten abspülen und in feine Ringe schneiden. Die Zwiebel schälen und fein hacken. Knoblauch und Ingwer schälen und in feine Scheiben schneiden.

3 Für die Sauce den Speck in der Pfanne auslassen und das Fett abgießen. Das Öl dazugeben. Die Zwiebeln, den Knoblauch und den Ingwer dazugeben und alles unter ständigem Rühren anschwitzen.

4 Die Gemüsebrühe, die Chilistreifen und die Sojasauce dazugeben. Kurz aufkochen und mit etwas Stärke binden. Mit der Austernsauce und dem Limettensaft abschmecken. Über die Fischfilets geben und mit Koriander bestreuen.

Seeteufel »Basquaise«

Zutaten (für 4 Portionen)

4 Seeteufelfilets (à etwa 200 g)
Saft von 1 Zitrone
2 rote Paprikaschoten
2 Zwiebeln
2 Knoblauchzehen
2–3 rote Chilischoten
Salz, etwas Mehl zum Wenden
2 EL Olivenöl
100 ml trockener Weißwein
200 g geschälte Tomaten
(aus der Dose)
100 ml Fischfond, Pfeffer

Zubereitung

1 Die Seeteufelfilets abwaschen, mit dem Zitronensaft beträufeln und etwas ziehen lassen. Die Paprikaschoten halbieren, entkernen, waschen und in Stücke schneiden. Die Zwiebeln und den Knoblauch schälen und klein schneiden. Die Chilischoten waschen.

2 Die Fischfilets salzen und im Mehl wenden. Das Olivenöl in einem Topf erhitzen und die Seeteufelfilets darin kurz scharf anbraten, dann Paprikastücke, Zwiebeln und Knoblauch dazugeben.

3 Alles mit dem Weißwein ablöschen. Die Tomaten, den Fischfond und die ganzen Chilischoten dazugeben. Den Fischtopf etwa 10 Minuten köcheln lassen. Die Chilischoten vor dem Servieren wieder herausnehmen und den Eintopf mit Salz und Pfeffer abschmecken. Dazu schmeckt ein knuspriges Baguette.

Gambas in Knoblauchöl

Zutaten (für 2 Portionen)

16 Riesengarnelen
(geschält, vorgegart)
1 rote Peperoni
2 Knoblauchzehen
Salz
2 TL Thymian
100 ml Olivenöl

Zubereitung

1 Den Backofengrill vorheizen. Die Garnelen waschen, trockentupfen und auf zwei feuerfeste Förmchen verteilen.

2 Die Peperoni längs halbieren, entkernen, waschen und in Streifen schneiden. Den Knoblauch schälen und fein hacken. Beides auf den Garnelen verteilen.

3 Salz und Thymian mit dem Olivenöl verrühren und über die Garnelen gießen. Auf der zweiten Schiene von unten etwa 5 Minuten grillen oder in der Pfanne braten. Mit Baguette servieren.

Zander mit Limettensauce

Zutaten (für 4 Portionen)

4 Zanderfilets
Saft von 1/2 Limette
Salz, Pfeffer, Mehl
1 EL Öl
1 EL Butter
4 EL gehackte Petersilie

Für die Limettensauce:

2 Schalotten
1 rote Chilischote
2 EL Butter
1 EL Mehl
200 ml Hühnerbrühe
Saft von 1/2 Limette
6 EL Sahne
1 durchgepresste Knoblauchzehe
Salz, Pfeffer

Zubereitung

1 Die Zanderfilets abwaschen und trockentupfen. Mit etwas Limettensaft beträufeln, salzen, pfeffern und mit Mehl bestäuben. Das Öl und die Butter in einer Pfanne erhitzen. Die Fischfilets je nach Dicke etwa 3 Minuten von jeder Seite anbraten, warm stellen.

2 Für die Limettensauce die Schalotten schälen und klein schneiden. Die Chilischote halbieren, entkernen, waschen und klein schneiden.

3 Die Butter in einem Töpfchen zerlassen, Schalotten und Chili anschwitzen und mit 1 EL Mehl einstäuben. Mit der Hühnerbrühe und 3 EL Limettensaft auffüllen. Gut durchrühren, bis die Sauce sämig wird.

4 Die Sahne dazurühren. Mit Knoblauch, Salz und Pfeffer abschmecken. Zanderfilets mit der Sauce auf vorgewärmten Tellern anrichten. Mit der Petersilie bestreuen und mit Salzkartoffeln servieren.

Mein Tipp!

Anstelle von Limettensaft passt auch Orangensaft sehr gut zum Zanderfilet. Verfeinern Sie die Sauce noch mit ausgelösten Orangenfilets!

Mousse au Chocolat

Zutaten (für 4 Portionen)

2 ganz frische Eier
250 g Sahne
150 g Zartbitterschokolade
2 El Orangenlikör
3 EL Zucker

Zubereitung

1 Die Eier trennen und das Eiweiß steif schlagen. Die Sahne steif schlagen. Die Schokolade zerkleinern und im Wasserbad schmelzen lassen.

2 Das Eigelb mit dem Orangenlikör und dem Zucker im Wasserbad schaumig schlagen. Die Schokolade zur Eimasse geben und gleichmäßig unterziehen. Die Schoko-Ei-Masse aus dem Wasserbad nehmen, unter Rühren erkalten lassen.

3 Die Sahne zur Hälfte unter die Schoko-Ei-Masse rühren, dann die restliche Sahne und den Eischnee unterziehen. 2 Stunden kühl stellen. Am gleichen Tag essen.

Crème caramel mit Walnüssen

Zutaten (für 6 Portionen)

8–10 Walnüsse
250 ml Milch
250 g Sahne
1 Vanilleschote
7 EL Zucker
3 Eier
Butter für die Förmchen

Zubereitung

1 6 kleine Soufflèformen ausbuttern. Die Walnüsse schälen, hacken, ohne Fett in einer kleinen Pfanne anrösten und anschließend in die Formen verteilen.

2 Die Milch mit der Sahne und 2 EL Zucker in einen Topf geben. Die Vanilleschote mit einem spitzen Messer aufschlitzen und das Mark herauskratzen. Schote und Mark in die Milch geben und alles leicht erhitzen, nicht kochen.

3 Den Backofen auf 180 °C vorheizen. Die Eier in einer Rührschüssel schaumig schlagen und langsam die Sahnemilch dazurühren. 5 EL Zucker in einer Pfanne bei mittlerer Hitze hellbraun karamellisieren lassen. Den Karamell in die Formen verteilen, die Eiermilch darauf gießen.

4 Die Formen in die Fettpfanne des Backofens stellen und so viel heißes Wasser dazugießen, dass sie etwa 2 cm tief im Wasserbad stehen. Die Crème caramel 30 Minuten im Ofen stocken lassen. Danach abkühlen lassen, vor dem Servieren noch 2–3 Stunden in den Kühlschrank stellen.

Kokosdessert mit Baby-Ananas

Zutaten (für 4 Portionen)

400 ml Kokoscreme (aus der Dose)
200 g Sahne
60 g Zucker
3 EL Kokosraspel
25 ml Orangenlikör
6 Blatt Gelatine
karamellisierte Kokoschips (aus dem Asienladen)
2 Baby-Ananas

Zubereitung

1 Die Kokoscreme mit der Sahne und dem Zucker in einem kleinen Topf erhitzen. Die Kokosraspel dazugeben und etwa 10 Minuten köcheln lassen. Dann von der Kochstelle nehmen und den Orangenlikör dazugeben.

2 Die Gelatineblätter 5 Minuten in kaltem Wasser einweichen, gut ausdrücken. Die Gelatine zur Kokossahne geben und gut einrühren, damit sie sich vollständig auflöst. Die Masse in 6 Förmchen verteilen, abkühlen lassen und über Nacht im Kühlschrank fest werden lassen.

3 Vor dem Servieren die Förmchen kurz in heißes Wasser tauchen, die Masse am Rand mit einem Messer von den Förmchen lösen und auf Teller stürzen. Mit den Kokoschips bestreuen und mit den geschälten, in kleine Stücke geschnittenen Baby-Ananas servieren.

Panna cotta

Zutaten (für 8 Portionen)

1000 g Sahne
100 g Zucker
2 Vanilleschoten
2 EL Amaretto
8 Blatt weiße Gelatine

Zubereitung

1 Die Sahne mit dem Zucker langsam erhitzen. Die Vanilleschoten längs aufschlitzen und das Mark herauskratzen. Mark und Vanilleschoten zur Sahne geben und etwa 10 Minuten bei kleiner Hitze ohne Deckel köcheln lassen.

2 Die Vanilleschoten herausnehmen und den Amaretto zur Sahne geben. Gelatineblätter in kaltem Wasser 5 Minuten einweichen, gut ausdrücken und in der heißen Sahne auflösen. Dabei umrühren, damit sich die Vanille gleichmäßig verteilt.

3 Die Vanillesahne in 8 kleine Förmchen gießen und über Nacht im Kühlschrank fest werden lassen. Vor dem Servieren die Förmchen kurz in heißes Wasser tauchen, die Masse am Rand mit einem Messer von den Förmchen lösen und auf Teller stürzen. Mit Fruchtpüree servieren.

Barbecue and more

Ob in Bayern oder Arizona – im Sommer sind Grillparties angesagt! So ein Barbecue ist schnell vorbereitet: ein paar knackige Salate, würziges Grillfleisch, scharfe Saucen, dazu knuspriges Brot – und schon kann das Fest steigen. Nicht vergessen: Rechtzeitig die Getränke kühl stellen und den Grill anfeuern!

Rucola-
Hähnchen-Salat

Zutaten (für 4 Portionen)

2 Hähnchenbrustfilets (ohne Haut)

Saft von 1/2 Limette

2 EL Olivenöl

1 TL Kräuter der Provence

1 rote Paprikaschote

3 Tomaten

2 Frühlingszwiebeln

1 kleines Bund Rucola

8 EL Maiskörner

1 EL Butter, Salz, Pfeffer

Für die Salatsauce:

2 EL Olivenöl

3 EL Balsamicoessig

1 Prise Zucker, 1 Prise Salz

1 durchgepresste Knoblauchzehe

Zubereitung

1 Die Hähnchenfilets klein schneiden. Limettensaft, Olivenöl und Kräuter der Provence zu einer Marinade verrühren. Das Fleisch darin etwa 30 Minuten ziehen lassen.

2 Die Zutaten für die Salatsauce verrühren. Die Paprika halbieren, entkernen, waschen und in feine Streifen schneiden. Die Tomaten kreuzweise einritzen und mit heißem Wasser überbrühen, dann häuten, entkernen und in kleine Stücke schneiden.

3 Die Frühlingszwiebeln von Wurzelansatz und welken Blättern befreien, waschen und klein schneiden. Den Rucola waschen und trockenschütteln. Mit den Paprikastreifen, den Frühlingszwiebeln und dem Mais auf Tellern anrichten.

4 Das Fleisch salzen und pfeffern. In einer Pfanne die Butter vorsichtig erhitzen und das Fleisch darin etwa 4 Minuten rundum anbraten. Die Tomaten in die Pfanne geben, kurz mitandünsten und mit der Salatsauce ablöschen. Das Fleisch auf den Salat geben und etwas Pfeffer darüber mahlen. Dazu schmeckt am besten ein knuspriges Baguette.

Feldsalat mit Bratkartoffeln

Zutaten (für 4 Portionen)

250 g Feldsalat

Für die Salatsauce:

150 g Joghurt, 200 g Sahne

1–2 EL Meerrettich (aus dem Glas)

1–2 EL Pflanzenöl, 2 EL Zitronensaft

Salz, Zucker, Pfeffer

1/2 Kästchen Kresse

Für die Bratkartoffeln:

2–3 große gekochte Kartoffeln

Pflanzenöl

100 g gewürfelter Frühstücksspeck

1 fein gehackte Zwiebel, Salz, Pfeffer

Zubereitung

1 Den Feldsalat putzen, waschen und trockenschütteln. Die Zutaten für die Salatsauce verrühren. Je nach Belieben mit Salz, Zucker und Pfeffer abschmecken. Zum Schluss die gewaschene Kresse darunter heben.

2 Die Kartoffeln schälen und in dünne Scheiben schneiden. Etwas Pflanzenöl in einer Pfanne erhitzen und den Speck darin auslassen, die Kartoffeln dazugeben. Kurz bevor die Kartoffeln schön kross sind, die Zwiebeln dazugeben und noch etwa 2 Minuten weiterbraten. Salzen und pfeffern.

3 Den Feldsalat mit der Meerrettichsauce anmachen und mit den Speckkartoffeln servieren.

Bohnensalat mit Fenchel

Zutaten (für 4 Portionen)

500 g Prinzessbohnen

(grüne Bohnen)

2 Zweige Bohnenkraut, Salz

1 Fenchelknolle

1 kleine rote Zwiebel

1 Knoblauchzehe

4 EL Essig, 2 EL Pflanzenöl

Pfeffer, Zucker

1/2 TL Currypulver

Zubereitung

1 Die Prinzessbohnen von den Stielansätzen befreien, waschen und mit dem Bohnenkraut in etwas Salzwasser bissfest garen. Die Bohnen in ein Sieb abgießen und kalt abschrecken.

2 Den Fenchel putzen, waschen und in feine Streifen schneiden. Das Fenchelgrün waschen, trockenschütteln und klein schneiden. Die Zwiebel und die Knoblauchzehe schälen und fein hacken.

3 Für das Dressing Essig und Öl mit Salz, Pfeffer, Zucker und Currypulver verrühren und mit den Bohnen, den Fenchelstreifen, den Zwiebeln und dem Knoblauch vermischen. Den Salat etwa 2 Stunden im Kühlschrank ziehen lassen. Danach eventuell nochmals mit Essig, Öl, Salz und Pfeffer abschmecken.

Reissalat mit Mango

Zutaten (für 6–8 Portionen)

1 l Instant-Gemüsebrühe
500 g Langkornreis
250 g Zuckerschoten, 250 g Brokkoli
je 2 rote und gelbe Paprikaschoten
2 grüne Chilischoten
1 Bund Frühlingszwiebeln
2 Mangos, Salz, Pfeffer

Für das Dressing:

Saft von 3 Limetten
100 ml Olivenöl
1 durchgepresste Knoblauchzehe
4 TL Currypulver
5 EL süße Sojasauce
1/2 TL gemahlener Ingwer
1/2 TL Kreuzkümmel, 1 Prise Zimt

Zubereitung

1 Die Gemüsebrühe zum Kochen bringen, den Reis einstreuen und umrühren. Die Hitze auf die kleinste Stufe stellen und den Reis 15–20 Minuten zugedeckt gar ziehen lassen. Er sollte noch etwas körnig sein. Aus dem Topf nehmen und in eine große Schüssel geben.

2 Die Zuckerschoten waschen, die Enden abknipsen, dabei eventuell vorhandene Fäden aus der Naht abziehen. In Salzwasser etwa 2 Minuten bissfest garen und in Eiswasser abschrecken. Den Brokkoli in kleine Röschen teilen, die Stiele schälen und klein schneiden. Den Brokkoli ebenfalls bissfest garen und in Eiswasser abschrecken.

3 Paprika halbieren, entkernen, waschen und in kleine Würfel schneiden. Die Chilischoten vom Stiel befreien, entkernen, waschen und in feine Streifen schneiden. Die Frühlingszwiebeln von Wurzelansatz und welken Blättern befreien, waschen und mit dem Grün in feine Ringe schneiden. Die Mangos schälen, das Fleisch vom Kern schneiden und fein würfeln.

4 Das Gemüse unter den Reis mischen. Die Zutaten für das Dressing verrühren und über den Reis geben. Alles gut miteinander vermischen und etwa 1 Stunde ziehen lassen. Mit Salz und Pfeffer abschmecken.

Scharfer Tomatensalat

Zutaten (für 4 Portionen)

6 Strauchtomaten
2 Schalotten
1 kleine rote Chilischote
100 g schwarze Oliven (ohne Stein)
3 EL Olivenöl, 2 EL Rotweinessig
1 Knoblauchzehe, Salz, Pfeffer
1 TL Oregano, 1 Prise Zucker

Zubereitung

1 Die Tomaten waschen, in Scheiben schneiden und den Stielansatz entfernen. Die Schalotten schälen und in feine Ringe schneiden. Die Chili vom Stiel befreien, entkernen, waschen und in feine Streifen schneiden. Die Oliven klein schneiden. Alles in einer Schüssel vorsichtig vermischen.

2 Für die Salatsauce das Olivenöl und den Rotweinessig verrühren, den geschälten Knoblauch dazupressen. Mit Salz, Pfeffer, Oregano und Zucker abschmecken. Die Marinade über den Salat geben und vor dem Servieren etwas ziehen lassen.

Thailändischer Glasnudelsalat

Zutaten (für 8 Portionen)

200 g Glasnudeln

100 g Zuckerschoten

1 rote Paprikaschote

1 rote Chilischote

5 cm frische Ingwerwurzel

4 Frühlingszwiebeln

1 Zweig Thai-Basilikum

4 Zweige Koriander

2 EL Sonnenblumenöl

100 g Shrimps (geschält, vorgegart)

6 EL Fischsauce

Saft von 1 1/2 Limetten

1/2 TL Honig

Zubereitung

1 Die Glasnudeln mit einer Küchenschere in etwa 4–5 cm große Stücke schneiden und in einer Schüssel mit heißem Wasser überbrühen. 2 Minuten ziehen lassen, dann in ein Sieb abgießen und kalt abbrausen.

2 Die Zuckerschoten waschen, die Enden abknipsen, dabei eventuell vorhandene Fäden aus der Naht mitabziehen. Zuckerschoten in kochendem Wasser bissfest garen, kalt abbrausen und in etwa 2 cm große Stücke schneiden. Die Paprika- und Chilischote halbieren, entkernen, waschen und in ganz feine Streifchen schneiden.

3 Den Ingwer schälen und fein würfeln. Die Frühlingszwiebeln von Wurzelansatz und welken Blättern befreien, waschen und das Weiße fein würfeln. Das Grün der Frühlingszwiebeln in feine Ringe schneiden.

4 Thai-Basilikum- und Korianderblätter von den Stängeln zupfen, waschen und trockentupfen. Das Thai-Basilikum in feine Streifen schneiden.

5 Das Sonnenblumenöl in einer Pfanne erhitzen und darin das Weiße von den Frühlingszwiebeln und den Ingwer anschwitzen. Die Shrimps dazugeben und mit der Fischsauce, dem Limettensaft und 50 ml Wasser ablöschen. Dann den Honig dazugeben und gut auflösen. Bei kleiner Hitze zugedeckt etwa 5–10 Minuten köcheln lassen.

6 Alles in eine Schüssel geben und etwas abkühlen lassen. Die restlichen Zutaten (außer Thai-Basilikum und Koriander) gut vermischen. Die Shrimps darüber geben, gut durchmischen und etwa 1 Stunde ziehen lassen. Zum Schluss Thai-Basilikum und Koriander dazugeben und nach Belieben mit Fischsauce und Limettensaft abschmecken.

Thunfischsalat mit buntem Gemüse

Zutaten (für 4 Portionen)

1/2 Salatgurke
1 rote Paprikaschote
1 gelbe Paprikaschote
1/2 frische rote Chilischote
3 Frühlingszwiebeln
2 kleine Knoblauchzehen
100 g Knollensellerie
400 g Thunfisch
(aus der Dose, im eigenen Saft)
80 g Joghurt
2 EL Olivenöl
3 EL Limettensaft
Salz, Pfeffer

Zubereitung

1 Die Salatgurke schälen und in Scheiben schneiden. Die Paprikaschoten halbieren, entkernen, waschen und in Streifen schneiden. Chili entkernen und fein schneiden.

2 Die Frühlingszwiebeln von Wurzelansatz und welken Blättern befreien, waschen und in Ringe schneiden. Den Knoblauch schälen. Den Sellerie schälen und fein raspeln.

3 Von dem Thunfisch etwas Saft abgießen. Dann den Thunfisch grob zerteilen, Knoblauchzehen dazupressen und mit dem Gemüse in einer Salatschüssel vermengen.

4 Für die Salatsauce Joghurt, Olivenöl und Limettensaft verrühren, zu dem Gemüse geben und alles gut vermischen. Den Salat noch etwas ziehen lassen und mit Salz und Pfeffer abschmecken.

Vinaigrette für Blattsalate

Zutaten (für 4 Portionen)

1 Schalotte
1 Knoblauchzehe
2 EL Weißweinessig
1 TL Dijon-Senf
6 EL Sonnenblumenöl
1 TL Salz
schwarzer Pfeffer aus der Mühle
1 TL Zucker
1 EL Schnittlauchröllchen

Zubereitung

1 Die Schalotte schälen und fein würfeln. Den Knoblauch ebenfalls schälen. Den Essig mit dem Senf verrühren.

2 Das Sonnenblumenöl sowie Salz, Pfeffer und Zucker dazurühren. Die Knoblauchzehe dazupressen, Schalotte und Schnittlauchröllchen untermischen.

Tintenfischsalat mit Paprikaschoten

Zutaten (für 4 Portionen)

1 kg ganze Tintenfische
5 Wacholderbeeren
1 Lorbeerblatt
1 Zwiebel
4 Knoblauchzehen
1/2 unbehandelte Zitrone
1 TL schwarze Pfefferkörner
1 l Instant-Hühnerbrühe
1 rote Paprikaschote, 4 EL Olivenöl
2 TL entkernte und klein geschnittene rote Chilischote
2 EL Limettensaft, 3 EL Rotweinessig
Salz, Pfeffer, 2 EL gehackte Petersilie

Zubereitung

1 Die gewaschenen Tintenfische mit den Wacholderbeeren, dem Lorbeerblatt, der geschälten und halbierten Zwiebel, zwei der Knoblauchzehen, der Zitrone und den Pfefferkörnern zugedeckt etwa 30 Minuten bei geringer Wärmezufuhr in der Hühnerbrühe köcheln lassen. Die Tintenfische in dem Sud erkalten lassen.

2 Die Paprikaschote halbieren, entkernen, waschen und in feine Streifen schneiden. Die restlichen Knoblauchzehen schälen. Den Tintenfisch aus dem Sud nehmen und in mundgerechte Stücke schneiden.

3 Aus Olivenöl, Chili, Limettensaft, 1/2 Tasse Kochsud und Rotweinessig eine Marinade rühren. Den Knoblauch dazupressen. Den Tintenfisch mit der Marinade und den Paprikastreifen vermischen, mit Salz und Pfeffer abschmecken. Vor dem Servieren noch etwas ziehen lassen und mit der Petersilie bestreuen. Dazu schmeckt ein warmes Knoblauchbaguette.

Selbst gemachte Mayonnaise

Zutaten (für etwa 200 g)

2 frische Eigelbe
1 TL Senf
1 Prise Salz
150 ml Pflanzenöl

Zubereitung

1 Alle Zutaten sollten die gleiche Temperatur von 20 °C (Raumtemperatur) haben. Das Eigelb, den Senf und 1 Prise Salz mit den Schneebesen des Handrührgeräts schaumig schlagen. Tropfenweise (!) das Öl dazugeben, bis die Mayonnaise eine feste Konsistenz erreicht hat.

2 Sollte die Mayonnaise zu fest werden, können Sie noch langsam 1–2 TL warmes Wasser einrühren. Sollte Ihnen die Mayonnaise gerinnen, dann rühren Sie diese im heißen Wasserbad glatt (nicht kochen!). Frische Mayonnaise kühl lagern und am selben Tag aufbrauchen.

Fladenbrot mit Oliven

Zutaten (für 4 Fladenbrote)

100 g schwarze Oliven (ohne Stein)

500 g Mehl

1 Päckchen Trockenhefe

1 TL Zucker

8 EL Olivenöl

3 TL Rosmarin

2 TL Thymian

200–250 ml lauwarmes Wasser

1 1/2 TL Salz

Fett für das Blech

Zubereitung

1 Die Oliven in kleine Stücke schneiden. Das Mehl in eine große Schüssel sieben, mit der Hefe und dem Zucker mischen. Oliven, Olivenöl, Rosmarin, Thymian, 200 ml lauwarmes Wasser und Salz zum Mehl geben. Alles mit den Knethaken des Handrührgeräts zu einem geschmeidigen Teig verarbeiten. Eventuell noch etwas Wasser oder Mehl dazugeben.

2 Den Teig mit einem Tuch bedecken und an einem warmen Ort 1 1/2 Stunden gehen lassen. Aus dem Teig vier Fladen formen, auf ein gefettetes Backblech setzen und nochmals abgedeckt 30 Minuten ruhen lassen. Währenddessen den Backofen auf 200 °C vorheizen. Die Fladen etwa 35–40 Minuten backen.

Gefüllte Teigtaschen

Zutaten (für 4 Portionen)

Für den Teig:

250 g Mehl

100 g Butter oder Margarine

1 TL Salz, 1 TL Essig

Mehl für die Arbeitsfläche

Für die Füllung:

4 Tomaten

2 Schalotten oder 1 Zwiebel

2 Knoblauchzehen

1 Bund Schnittlauch

1 Ei zum Bestreichen

2 EL Olivenöl

300 g Rinderhackfleisch

Salz, Pfeffer

1 Prise Cayennepfeffer

150 g Schafskäse

100 g Schmand, 1 TL Oregano

Zubereitung

1 Für die Füllung die Tomaten kreuzweise einritzen und mit heißem Wasser überbrühen, dann häuten, entkernen und fein würfeln. Die Schalotten und den Knoblauch schälen und fein hacken. Den Schnittlauch waschen, trockenschütteln und klein schneiden. Das Ei trennen.

2 Für den Teig die Zutaten und etwa 125 ml Wasser mit den Händen oder den Knethaken des Handrührgeräts zu einem glatten Mürbeteig verkneten, in Klarsichtfolie packen und etwa 30 Minuten im Kühlschrank ruhen lassen.

3 Für die Füllung Schalotten und Knoblauch in dem Olivenöl anschwitzen. Das Hackfleisch dazugeben und unter Rühren krümelig braten. Die Tomatenstückchen dazugeben. Mit Salz, Pfeffer und Cayennepfeffer abschmecken.

4 Die Pfanne vom Herd nehmen und zu der Masse den Schafskäse krümeln. Schmand, Schnittlauch und Oregano dazugeben und alles gut vermischen.

5 Den Backofen auf 200 °C vorheizen. Den Teig auf der bemehlten Arbeitsfläche dünn ausrollen und in 8–10 cm große Quadrate schneiden. In die Mitte etwas Füllung geben. Mit dem Eiweiß die Ränder bestreichen, die Quadrate zu Dreiecken zusammenklappen und die Ränder fest andrücken. Mit Eigelb bestreichen und etwa 20 Minuten backen.

Amerikanischer Brot-Tomatensalat

Zutaten (für 4 Portionen)

4 Strauchtomaten
1 Selleriestange
1 kleine Zwiebel
1 Knoblauchzehe
2–3 EL Rotweinessig
4 EL Olivenöl
1 EL Kapern
Salz, Pfeffer
1 Prise Zucker
300 g Weißbrot

Zubereiten

1 Die Tomaten waschen und in Stücke schneiden, den Stielansatz dabei entfernen. Die Selleriestange waschen und klein schneiden. Die Zwiebel und den Knoblauch schälen und fein hacken. In einer Schüssel Tomaten, Sellerie, Zwiebeln und Knoblauch vermischen.

2 Für das Dressing den Essig, das Olivenöl und die Kapern vermischen. Mit Salz, Pfeffer und 1 Prise Zucker abschmecken und mit den Zutaten in der Schüssel gut vermengen. Das Weißbrot goldbraun toasten, in Stücke schneiden und unter den Salat heben.

Deutsche Variante – Bauernbrot

Bauernbrot mit Butter bestreichen und mit Tomatenscheiben belegen. Salzen, pfeffern und mit frischem Schnittlauch bestreuen.

Italienische Variante – Bruschetta

Baguette- oder Ciabattascheiben toasten. 1 Knoblauchzehe halbieren und über das warme Brot reiben. Mit etwas Olivenöl beträufeln und mit Tomatenscheiben belegen. Salzen, pfeffern und mit frischen, klein gezupften Basilikumblättern garnieren.

Griechische Variante – Olivenbrot

Weißbrotscheiben toasten. 1 Knoblauchzehe halbieren und über das warme Brot reiben. Tomaten klein schneiden und würfeln. Mit etwas Olivenöl, klein geschnittenen schwarzen Oliven und zerbröseltem Schafskäse vermischen. Die Tomatenmischung auf das Brot geben. Salzen, pfeffern und mit frischem Oregano bestreuen.

Gegrillte Lammkoteletts

Zutaten (für 4 Portionen)

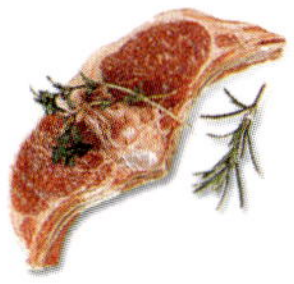

16 kleine magere Lammkoteletts (à etwa 100 g)
Salz, Pfeffer

Für die Marinade:
Saft von 1 Limette
50 ml Wermut (z. B. Martini)
8 EL Olivenöl
3 Knoblauchzehen, 3 TL Rosmarin
3 TL Thymian, 4 TL Tomatenmark

Zubereitung

1 Für die Marinade den Limettensaft mit Wermut und Olivenöl gut vermischen. Die Knoblauchzehen schälen und dazupressen. Rosmarin und Thymian sowie das Tomatenmark unterrühren.

2 Die Lammkoteletts in die Marinade einlegen und mindestens 4 Stunden im Kühlschrank ziehen lassen. Dabei einmal wenden.

3 Die Koteletts je etwa 3–4 Minuten von jeder Seite auf dem Gartengrill braten. Dabei jede Seite mit der Marinade bestreichen. Zum Schluss salzen und pfeffern.

Lammkoteletts mit Kräuterdip

Zutaten (für 4 Portionen)

1 Knoblauchzehe
1 TL schwarze Pfefferkörner
12 Lammkoteletts (à etwa 150 g)
2 EL Olivenöl zum Anbraten, Salz

Für den Kräuterdip:
2 Bund glatte Petersilie
3 Zweige Basilikum
3–4 Pfefferminzblätter
12 EL Olivenöl, 2 EL Limettensaft
100 g milder Schafskäse
3 Knoblauchzehen
Salz, Pfeffer, 1/2 TL Cayennepfeffer

Zubereitung

1 Für den Kräuterdip die Kräuter waschen, trockenschütteln und fein wiegen. Mit dem Olivenöl, dem Limettensaft und dem Schafskäse mit dem Mixstab fein pürieren. Die Knoblauchzehen schälen und dazupressen, mit Salz, Pfeffer und Cayennepfeffer abschmecken.

2 Für die Koteletts die Knoblauchzehe schälen und fein hacken. Den schwarzen Pfeffer im Mörser grob zerstoßen. Den Fettrand der Koteletts einschneiden und mit Pfeffer und Knoblauch einreiben.

3 2 EL Olivenöl in einer Pfanne erhitzen und die Koteletts darin von jeder Seite etwa 1 1/2 Minuten anbraten. Aus der Pfanne nehmen, salzen, in Alufolie wickeln und etwa 3 Minuten ruhen lassen. Mit dem Kräuterdip servieren. Dazu schmeckt das selbst gebackene Fladenbrot (siehe Rezept S. 100).

Lamm-Couscous

Zutaten (für 4 Portionen)

200 g getrocknete Kichererbsen
750 g mageres Lammfleisch
2 Zwiebeln, 2 Möhren
1 Petersilienwurzel
6 Knoblauchzehen
400 g geschälte Tomaten (aus der Dose)
4 EL Olivenöl, Salz, Pfeffer
3 EL Limettensaft
1/2 TL Cayennepfeffer
3 TL getrocknete Pfefferminze

Zubereitung

1 Die Kichererbsen über Nacht in Wasser einweichen. Das Lammfleisch in 2 cm große Würfel schneiden. Die Zwiebeln, die Möhren und die Petersilienwurzel schälen und klein schneiden. Die Knoblauchzehen schälen und vierteln. Die Tomaten etwas zerkleinern.

2 Das Olivenöl in einem breiten Topf erhitzen und das Lammfleisch darin portionsweise goldbraun anbraten, salzen und pfeffern. Knoblauch, Zwiebeln, Möhren und Petersilienwurzel in den Topf geben und kurz anbraten, das Fleisch wieder in den Topf dazugeben.

3 Tomaten, Limettensaft und die abgetropften Kichererbsen hinzufügen. Cayennepfeffer, Pfefferminze und so viel Wasser dazugeben, dass das Fleisch bedeckt ist. Etwa 2 Stunden köcheln lassen. Immer wieder rühren und eventuell noch etwas Wasser nachgießen. Mit Salz und Pfeffer abschmecken.

Salbei-Bohnensalat

Zutaten (für 4 Portionen)

500 g weiße Bohnen (aus der Dose)
4 EL Gemüsebrühe
4 EL Balsamicoessig
Salz, Pfeffer, Zucker
2 durchgepresste Knoblauchzehen
6 EL Olivenöl
20 frische Salbeiblätter

Zubereitung

1 Die Bohnen abtropfen lassen. Für die Marinade die Brühe, den Essig, Salz und Pfeffer, Zucker nach Belieben und den Knoblauch in einer Schüssel verrühren.

2 Das Olivenöl in einer Pfanne erhitzen und die Salbeiblätter darin knusprig braten. Die krossen Blätter mit der Marinade über die Bohnen geben und alles etwa 2 Stunden ziehen lassen. Mit Salz und Pfeffer abschmecken.

Linsensuppe mit Gemüse

Zutaten (für 6 Portionen)

250 g getrocknete Linsen
2 Scheiben Frühstücksspeck (ca. 1 cm dick)
5 Knoblauchzehen
1/2 Knollensellerie
4 Möhren
2 Zwiebeln
1 Stange Lauch
1 kleine rote Chilischote
3 große Kartoffeln
4 Cabanossi
2 EL Olivenöl
1 TL Tomatenmark
1 1/2 l Instant-Fleischbrühe
Salz, Pfeffer
1 Bund glatte Petersilie

Zubereitung

1 Die Linsen mindestens 5 Stunden in kaltem Wasser einweichen, dann abseihen und abtropfen lassen.

2 Den Frühstücksspeck in Würfel schneiden. Den Knoblauch schälen und klein schneiden. Den Sellerie, die Möhren und die Zwiebeln schälen und fein würfeln.

3 Den Lauch von Wurzelansatz und äußeren Blättern befreien, längs durchschneiden und waschen. Abtropfen lassen und in feine Scheiben schneiden.

4 Die Chilischote halbieren, entkernen, waschen und in feine Streifen schneiden. Die Kartoffeln waschen, schälen und in Würfel schneiden. Die Cabanossi in Scheiben schneiden.

5 Das Olivenöl in einem großen Topf erhitzen und die Speckwürfel darin auslassen. Tomatenmark, Zwiebeln, Knoblauch, Sellerie und die Hälfte der Möhren dazugeben und unter Rühren anschwitzen. Die Fleischbrühe und die Linsen dazugeben und alles 30 Minuten köcheln lassen.

6 Die restlichen Möhrenwürfel, die Lauchscheiben, die Kartoffeln und die Chilistreifen dazugeben und alles nochmals 25 Minuten köcheln lassen. Die Cabanossi die letzten 10 Minuten mitkochen lassen. Eventuell noch etwas Wasser dazugeben. Die Linsensuppe mit Salz und Pfeffer abschmecken und mit der gewaschenen und gehackten Petersilie bestreut servieren.

Mein Tipp!

Besonders fein schmeckt die Linsensuppe, wenn Sie bei Tisch noch etwas Weißweinessig dazugeben.

Rosmarin-kartoffeln

Zutaten (für 4 Portionen)

750 g kleine Kartoffeln

6 EL Olivenöl

3–4 EL Rosmarinnadeln

grobes Salz

Pfeffer

Zubereitung

1 Die Kartoffeln waschen und gründlich abbürsten. Mit Schale etwa 10–15 Minuten in Salzwasser kochen – sie sollten nicht ganz gar sein.

2 Die Kartoffeln in ein Sieb geben und abtropfen lassen, dann mit einem Geschirrhandtuch trockenreiben und halbieren. In einer Schüssel die Kartoffeln mit Olivenöl und Rosmarinnadeln mischen. Etwa 30 Minuten ziehen lassen.

3 Inzwischen den Backofen auf 180 °C vorheizen. Die Kartoffeln in eine Auflaufform geben und etwa 20 Minuten im Ofen goldbraun backen, dabei ab und zu wenden. Mit Salz und Pfeffer bestreut servieren.

Mediterraner Kartoffelsalat

Zutaten (für 4 Portionen)

1 Rezept Rosmarinkartoffeln (siehe oben)

100 g Prinzessbohnen (grüne Bohnen)

3 Strauchtomaten, 1/2 Salatgurke

1 Bund Rucola, 150 g Schafskäse

100 g schwarze Oliven

5 EL Balsamicoessig

3 EL Olivenöl, Salz, Pfeffer

50 g frisch geriebener Parmesan

Zubereitung

1 Die Rosmarinkartoffeln wie oben beschrieben zubereiten, dabei nicht halbieren, sondern vierteln. Die Prinzessbohnen von den Stielansätzen befreien, waschen und mit dem Bohnenkraut in etwas Salzwasser bissfest garen. Die Bohnen in ein Sieb abgießen, kalt abschrecken und klein schneiden.

2 Die Tomaten waschen, vom Stielansatz befreien und vierteln. Die Gurke schälen und in kleine Würfel schneiden. Den Rucola waschen, trockenschütteln und klein schneiden. Den Schafskäse zerbröseln.

3 Bohnen, Tomaten, Gurken, Rucola, Schafskäse und Oliven mit den Rosmarinkartoffeln in einer Salatschüssel mischen. Mit Balsamicoessig, Olivenöl, Salz und Pfeffer abschmecken und mit Parmesan bestreuen.

Marinierte Grillhähnchen

Zutaten (für 4 Portionen)

4 Hähnchenkeulen

4 Hähnchenbrustfilets (mit Haut)

Für die Marinade:

100 ml Pflanzenöl

Saft von 2 Limetten

je 1/2 TL Kurkuma, Thymian, Rosmarinnadeln und Cayennepfeffer

2 Knoblauchzehen

2 Schalotten

Salz, Pfeffer

Zubereitung

1 Für die Marinade das Öl mit dem Limettensaft und den Gewürzen verrühren. Die Knoblauchzehen schälen und dazupressen. Die Schalotten ebenfalls schälen, sehr klein schneiden und unterrühren.

2 Die Haut der Hähnchenteile mit einer Gabel mehrmals einstechen. Die Keulen und Brustfilets in die Marinade legen und über Nacht ziehen lassen.

3 Am nächsten Tag das Fleisch aus der Marinade nehmen, etwas abtupfen. Auf einem Grill braten, dabei mehrmals wenden und mit der Marinade bepinseln. Zum Schluss salzen und pfeffern.

Grillsteak »American Style«

Zutaten (für 4 Portionen)

4 Schweinenackensteaks
(à etwa 250 g)
Salz, Pfeffer aus der Mühle

Für die Würzmischung:

4 EL Öl
2 TL brauner Zucker
1 TL Cayennepfeffer
1 TL Paprikapulver (scharf)
1 TL Paprikapulver (mild)
1 EL Senf, 1 TL Tomatenmark

Zubereitung

1 Für die Würzmischung das Öl, den Zucker, die beiden Paprikapulver, den Cayennepfeffer, den Senf und das Tomatenmark in einer kleinen Schüssel mit einem Schneebesen gut verrühren.

2 Die Steaks einzeln damit einreiben und in eine Glasschüssel legen. Die restliche Marinade darüber gießen. Die Steaks etwa 1 Stunde marinieren lassen.

3 Die Marinade von den Steaks etwas abtropfen lassen, auf einem Gartengrill oder im Backofen grillen. Zum Schluss salzen und pfeffern.

Sauce mit gegrillten Tomaten

Zutaten (für 4 Portionen)

20 Strauchtomaten
3 Knoblauchzehen
2 TL Ahornsirup
(ersatzweise flüssiger Honig)
2 TL Balsamicoessig
8 EL Olivenöl
4 TL Oregano
1 TL Cayennepfeffer
1 TL Kreuzkümmel
Salz, Pfeffer aus der Mühle

Zubereitung

1 Den Backofengrill vorheizen. Die Tomaten waschen, halbieren und auf ein Backblech setzen. Im Backofen etwa 3–5 Minuten grillen, bis die Haut sehr dunkel gebräunt ist und Blasen wirft (Achtung: Das geht sehr schnell! Backofen beobachten).

2 Die Tomaten etwas abkühlen lassen und ungeschält im Mixbecher pürieren. Das Püree durch ein Sieb streichen und mit dem durchgepressten Knoblauch, Ahornsirup, Balsamicoessig, Olivenöl, Oregano, Cayennepfeffer und Kreuzkümmel in einem Topf mischen.

3 Alles in 20–30 Minuten etwa auf ein Viertel einkochen lassen. Die Sauce sollte eine sämige Konsistenz bekommen. Abkühlen lassen und mit Salz und Pfeffer abschmecken. Wer es scharf mag, kann noch eine klein geschnittene rote Chilischote dazugeben.

Kräuter-Knoblauch-Butter

Zutaten (für etwa 250 g)

250 g weiche Butter
3 Knoblauchzehen
2–3 Bund Kräuter (z.B. Petersilie, Schnittlauch, Dill, Estragon, Kerbel; ersatzweise tiefgekühlte Kräuter)
2 gestr. TL Salz
1 TL schwarzer Pfeffer aus der Mühle

Zubereitung

1 Die weiche Butter in eine Schüssel geben. Die Knoblauchzehen schälen und dazupressen. Die frischen Kräuter waschen, trockenschütteln und fein hacken.

2 Kräuter, Salz und Pfeffer zur Butter geben und alles mit den Knethaken des Handrührgeräts gut verrühren.

Curry-Kurkuma-Butter

Zutaten (für etwa 250 g)

250 g weiche Butter
1 Knoblauchzehe
1 EL Sojasauce
1 EL scharfe rote Currypaste
2 TL Currypulver (mild)
1 TL Kurkuma, 1 gestr. TL Salz

Zubereitung

1 Die Butter in eine Schüssel geben. Den Knoblauch schälen. Die Sojasauce mit der Currypaste glatt rühren.

2 Den Knoblauch zur Butter pressen. Alle anderen Zutaten ebenfalls dazugeben und mit den Knethaken des Handrührgeräts sorgfältig vermengen.

Calvados-Pfeffer-Butter

Zutaten (für etwa 250 g)

250 g weiche Butter
4 TL grüne Pfefferkörner
30 ml Calvados
2 gestr. TL Salz, 1/2 TL Zucker

Zubereitung

1 Die Butter in eine Schüssel geben. Den grünen Pfeffer im Mörser leicht anstoßen, sodass die Körner aufgeknackt sind.

2 Den Pfeffer mit Calvados, Salz und Zucker zur Butter geben und alles mit den Knethaken des Handrührgeräts gut verrühren.

Ingwer-Pflaumen-Dip

Zutaten (für 4–6 Portionen)

350 g Pflaumen
(ohne Stein; aus dem Glas)
250 ml Pflaumensaft
3 cm frische Ingwerwurzel
2 Knoblauchzehen
1 rote Chilischote
1 EL Sojasauce
1 EL flüssiger Honig
3 EL Weißweinessig

Zubereitung

1 Die Pflaumen mit dem Saft im Mixer pürieren. Ingwerwurzel und Knoblauch schälen. Die Chilischote vom Stielansatz befreien, entkernen, waschen und in feine Streifen schneiden.

2 Alle Zutaten (bis auf Knoblauch und Ingwer) kurz aufkochen lassen, fein gehackten Knoblauch und Ingwer dazugeben. Die Hitze reduzieren und den Dip 30–40 Minuten einköcheln lassen, dabei gelegentlich umrühren. Schmeckt gut zu gebratenem Geflügelfleisch oder Fisch.

Mein Tipp!

Den Rest des Pflaumendips können Sie in ein Glas füllen. Er ist im Kühlschrank noch etwa 2 Wochen haltbar.

Spareribs mit Honig-Curry-Sauce

Zutaten (für 4 Portionen)

1 kg Spareribs
1 l Instant-Hühnerbrühe
Salz, Pfeffer
Für die Marinade:
8 EL Olivenöl, Saft von 1/2 Limette
3 TL flüssiger Honig
4 EL Sojasauce, 2 TL Currypulver
1 TL Cayennepfeffer
1 Knoblauchzehe

Zubereitung

1 Die Spareribs in der Brühe etwa 10 Minuten kochen, abgießen und abkühlen lassen. Inzwischen aus den Zutaten die Marinade rühren, die Knoblauchzehe schälen und dazupressen. Die Spareribs darin 5 Stunden ziehen lassen, ab und zu wenden.

2 Die Spareribs je etwa 15 Minuten auf dem Gartengrill braten. Dabei öfter wenden und immer wieder mit der Marinade bestreichen. Zum Schluss salzen und pfeffern.

Mandarinen-Biskuitrolle

Zutaten (für 4–6 Portionen)

Für den Biskuit:

3 frische Eier

150 g Zucker

1 Päckchen Vanillezucker

1 TL Backpulver

50 g Speisestärke

100 g Mehl

Puderzucker zum Bestäuben

Für die Füllung:

1 kleine Dose Mandarinen

400 g Sahnequark

1 Päckchen Vanillezucker

ca. 5 TL Sahnesteif

Zubereitung

1 Die Eier trennen. Eigelb mit dem Zucker und dem Vanillezucker zu einer cremigen Masse verrühren. Das Eiweiß steif schlagen. Backofen auf 200 °C vorheizen.

2 Das Eiweiß auf die Masse geben, das mit dem Backpulver und der Speisestärke gemischte Mehl darüber sieben und unterheben. Den Teig auf ein mit Backpapier ausgelegtes Backblech streichen und etwa 15 Minuten backen. Der Biskuit sollte nicht zu dunkel gebacken werden, da er sonst zu hart wird.

3 Den Biskuit aus dem Ofen nehmen und auf Backpapier stürzen. Das obere Backpapier mit kaltem Wasser bepinseln und abziehen. Den Biskuit in das untere Backpapier rollen und auskühlen lassen.

4 Für die Füllung die Mandarinen in einem Sieb gut abtropfen lassen. Den Sahnequark mit dem Vanillezucker und dem Sahnesteif gut verrühren. Die Mandarinen unterheben.

5 Den etwas abgekühlten Biskuit auf einem Geschirrhandtuch ausrollen und mit der Füllung bestreichen. Wieder zu einer Roulade aufrollen und etwa 2 Stunden kalt stellen. Vor dem Servieren mit Puderzucker bestäuben.

Blutorangensorbet mit Cointreau

Zutaten (für 4 Portionen)

600 ml frisch gepresster Blutorangensaft

2 EL Zucker

5 EL Cointreau

Zubereitung

1 Blutorangensaft leicht erhitzen und den Zucker darin auflösen. Abkühlen lassen und den Cointreau dazugeben.

2 Die Flüssigkeit in eine flache Form füllen und mindestens 3 Stunden im Gefriergerät gefrieren lassen. Die Sorbetmasse nach etwa 1 1/2 Stunden mit einer Gabel durchrühren, den selben Vorgang noch dreimal wiederholen. Schmeckt gut in trockenem Sekt oder Champagner.

Apfel-Mandel-Brotauflauf

Zutaten (für 4 Portionen)

10 Scheiben Baguette oder entrindetes Weißbrot
100 g Butter
800 g Äpfel
50 g Zucker
1 Vanilleschote
1 Zimtstange
100 ml Apfelsaft
4 EL Calvados
50 g Mandelstifte
Zimtpulver

Zubereitung

1 Die Weißbrotscheiben in 25 g Butter goldbraun rösten und aus der Pfanne nehmen. Die Äpfel waschen, vierteln, schälen, entkernen und in feine Spalten schneiden.

2 Den Backofen auf 180 °C vorheizen. In einem kleinen Topf weitere 50 g Butter zerlassen und den Zucker darin vorsichtig schmelzen. Die Apfelspalten, die aufgeschlitzte Vanilleschote, die Zimtstange, den Apfelsaft und den Calvados dazugeben. Etwa 5 Minuten köcheln lassen.

3 Vanille- und Zimtstange herausnehmen. Die Apfelmasse und das geröstete Weißbrot schichtweise in eine ofenfeste Auflaufform füllen. Mit Weißbrot beginnen und mit Apfelmasse abschließen.

4 Mit Mandelstiften und Butterflöckchen belegen und etwa 30 Minuten im Backofen backen. Noch warm mit Zimt bestreut servieren.

... und jetzt Siesta!

Alphabetisches Register

Bildnachweis

IFA-Bilderteam:
Bumann S. 13 (oben), Weststock S. 23 (unten), Oertel S. 36 (unten), NOK-Photo S. 39 (unten), Volker Rauch S. 59 (unten), Int. Stock S. 68 (unten), Nägele S. 78 (unten)

LOOK:
Florian Werner S. 72 (unten), Jürgen Richter S. 84 (oben)

StockFood:
Klaus Arras S. 91 (unten); Harry Bischof S. 11 (unten), S. 15 (oben), S. 26 (oben), S. 68 (oben), S. 96 (oben); Gaby Bohle S. 39 (oben), S. 42 (oben), S. 64 (oben); Michael Brauner S. 52 (oben), S. 71 (oben), S. 104 (oben); Gerhard Bumann S. 27 (oben); Walter Cimbal S. 95 (unten), S. 101 (oben); Conrad S. 113 (oben); Peter Croydon Studio S. 98 (unten); Eising S. 88 (oben), S. 106 (unten); S. & P. Eising S. 20 (oben), S. 28 (oben), S. 32 (unten), S. 40 (oben), S. 50 (unten), S. 58 (oben), S. 61 (oben), S. 64 (Mitte), S. 65 (oben), S. 69 (unten), S. 73 (oben), S. 76 (unten), S. 80 (oben), S. 86 (oben), S. 90 (unten), S. 91 (oben), S. 92, S. 95 (oben und Mitte), S. 98 (oben), S. 99 (oben), S. 103 (oben), S. 105 (unten), S. 109 (unten), S. 110 (oben), S. 111 (oben); Susie Eising S. 85 (oben), S. 104 (unten), S. 106 (oben); Luzia Ellert S. 55 (oben), S. 78 (oben); Bruno Hausch S. 40 (unten); Molly Hunter S. 12 (unten), S. 66, S. 74 (unten), S. 75 (oben), S. 100 (oben), S. 112 (oben); Douglas Johns S. 14 (oben), S. 70 (oben); Ulrike Köb S. 22 (oben), S. 43 (oben), S. 46 (oben), S. 57 (oben); Len Mastri S. 41 (oben); Maximilian Stock LTD S. 10 (Mitte), S. 11 (oben), S. 16 (unten), S. 19 (oben), S. 21 (oben), S. 30 (unten), S. 33 (unten), S. 50 (oben), S. 54 (oben), S. 64 (unten), S. 76 (oben), S. 81 (oben und unten), S. 88 (unten), S. 89 (oben), S. 94 (oben), S. 97 (oben), S. 103 (unten), S. 105 (oben), S. 110 (Mitte und unten), S. 112 (unten); Nägele S. 78 (unten); Walter Pfisterer S. 15 (unten), S. 72 (oben); Caggiano Photography S. 38 (oben); Picture Box S. 108 (oben); Scherer S. 46 (unten); Bodo A. Schieren S. 33 (oben), S. 69 (oben); Studio R. Schmitz S. 16 (oben); Martina Urban S. 100 (unten), S. 101 (unten); Elisabeth Watt S. 90 (oben), S. 99 (unten), S. 111 (unten); James Worrel S. 20 (unten), S. 60 (unten)

Studio R. Schmitz:
Accesoires Vor- und Nachsatz

Alle anderen Bilder und Cover: Alexander Haselhoff

München
1. Auflage 2000
ISBN 3-932023-30-7

Grafische Gestaltung Georg Feigl
Umschlaggestaltung ZERO, München; Georg Feigl
Fotografie Alexander Haselhoff
(weitere siehe Bildnachweis)
Konzept und Idee CPA! Wiesbaden
Redaktionelle Beratung Ralf Frenzel, Annette Schlepper
Redaktion Kathrin Gritschneder
Herstellung Karin Mayer, Peter Karg-Cordes
Lithografie inteca Media Service GmbH, Rosenheim
Druck & Bindung Mohndruck, Gütersloh

Besuchen Sie uns auch im Internet unter der Adresse www.zsverlag.de

CURES COUGHS AND COLDS
BEST FOR CONSUMPTION
ROUTE
US
66
SALOON
Las Vegas
Desert
Boulder City
Needles
Kingman
Lake Havasu
Parker
Prescott
Wickenburg
Glendale
Phoenix
Salton Sea
Flagstaff
Williams
Ajo
COFFEE
HOWEL'S
CALIFORNIA ORANGE